怒りを適切に
コントロールする
認知行動療法
ワークブック

少しずつ
解決に近づく
エクササイズ集

The Cognitive Behavioral
Workbook for Anger:
A Step-by-Step Program
for Success

ウィリアム・J・
クナウス=著
William J. Knaus

堀越 勝=監訳　浅田仁子=訳
Horikoshi Masaru　Asada Kimiko

金剛出版

The Cognitive Behavioral Workbook for Anger: A Step-by-Step Program for Success
by William J. Knaus

Copyright © 2021 by William J. Knaus
Japanese translation rights arranged with NEW HARBINGER PUBLICATIONS INC.
through Japan UNI Agency, Inc.

本書は，既に亡き私の友人たち——ジャネット・コーハン，リーナ・コーハン，バッド・ゲイェニー，アル・グランフィールド，ジョン・エドガリィ，フランク・エルドリッジ，ジョージ・エリアス，フォレスト・パテノード，レオン・ポメロイ，ディック・スプリンソール——と，友人でありいとこでもあるトム・マーフィに捧げる。寂しいもので，我々の世代の人間は次第に減っていく。旧友たち，心からみんなが恋しい。

謝辞

　誰よりもまず，アーウィン・オルトローズ博士に感謝の意を表します。博士には，本プロジェクトで多大なお力添えをいただきました。また，妻のナンシー・クナウス博士にも心から感謝しています。妻は，誤植を指摘し，内容について意見してくれました。ふたりは，私が本書の執筆を進める上で非常に貴重な存在でした。本書がここまでよいものに仕上がったのは，ふたりの協力のおかげです。

　また，以下の諸氏からは，怒りの問題に苦しむ人々を手助けする際のコツや，不要な怒りという重荷を下ろしてよりよい未来に向かう方法を示す際のとっておきのヒントも与えていただきました。エド・ガルシア，ノーマン・コットレル博士，ジミー・ウォルター，ダイアナ・リッチマン博士，パム・ガーシー博士，匿名氏，サム・クラライク博士，ビル・ゴールデン博士，ステファン・ホフマン博士，エリオット・コーヘン博士，ジェフ・ルドルフ博士，ジョエル・ブロック博士，ウィリアム・クナウス二世医学博士，ロベルタ・ガルッチョ・リチャードソン博士，ラス・グリーガー博士，ショーン・ブロー博士，ハウイー・カシノヴ博士（順不同），皆さんのご協力に感謝して止みません。

序

　怒りに関する本は，アマゾンによれば何千とあるというが，そのいずれもが，怒りに関して，少しづつ異なる考え方を示している。発散せよとするものもあれば，そうしてはいけないとするものもある。理解せよとするものもあれば，忘れてしまえとするものある。瞑想してやりすごせとするものもあれば，枕をぶん殴れとするものもある。受け入れよとするものもあれば，説明して取り除けとするものもある。そんな習慣は蹴散らせとするものもあれば，代わりに何かを蹴っ飛ばせとするものもある。深呼吸せよとするものもあれば，何かを投げつけよとするものもある。気持ちを大声で吐き出せとするものもあれば，沈黙を守れとするものもある。

　では，これだけ多くの本があるというのに，なぜ本書を読むべきなのか？　ビル・クナウスは，他の著者が提供していない何を提供しているのか？　目新しい何かがあるのか？　本書は，他とは一線を画している。本書がなぜ他の書籍よりも優れているのかをお話しさせていただきたい。

　まず，ビル・クナウスはまやかし物ではない。豊かな経験を積んだ正式な資格をもった心理学者であり，これまで何十年もの間，種々の問題によって人生が混乱し途方に暮れていた多くの人々に力を貸し，彼らがその問題に取り組めるようにしてきた。ビルは，事態を改善するのに何が役立つかをよく知っている。私はビルとは旧知の仲であり，その点を承知している。

　次に，ビルのアプローチは実践的かつ堅実で，経験的に実証されていて，しかも手の届くところにある。何ヵ月もエクササイズを続けたり，何年もセラピーを受けつづけたりする必要がない（ただし，特効薬ではなく，多少のワークは必要である）。

　さらに，ビルは，魔法のように治癒することを信じろとは言わない。怒りがきわめて難しい問題であることが，彼にはよくわかっている。ちょっと目を閉じて，それを追い払うことなど，無理な相談だと承知している。そこで，あなたを励まし（ツールを与え），その怒りを中心にして，《あなたの》暮らしの中で何が起きているのかを，あなたが見つけ出せるようにする。そして，種々ある実証済みの方法の中から，怒りの問題に取り組みながらあなた自身のスキルの育成に役立てられるもの——あなたの役に立つもの——を提供する。

　そして，もし適切に取り組めば，あなたは本書から，認知行動療法の基礎知識をしっかり学び取ることができる。怒りに関する重要な9要素に気づき，手引きに従って自己診断を行ない，自分の怒りに関する考え方を再評価し，ワークシートやスキル育成エクササイズを通して学びを発展させ応用し，学びつつ道から外れないよう手助けするシステム，すなわち「進歩の記録」を活用できるようになる。

まだある。本書は，怒りについて明らかになっていること（および，怒りではないと自分でわかったつもりになっていること）と共に，《自然な》（前向きで建設的な）怒りと《寄生性の》（毒性や問題のある）怒りとの重要な違いも取り上げている。認知行動的なフォーミュレーションにおいて特に重要で価値があるのは，認知的再構成という概念，すなわち，怒りを引き起こす状況に対する対応をリフレーミングし，その怒りにもっとも建設的に対応できるようにするプロセスである。

認知行動療法は，著名な心理学者アルバート・エリス博士が創始した論理情動療法（Rational Emotive Behavior Therapy: REBT）に由来するものである。エリス博士は，紀元1世紀のギリシャの哲学者エピクテトスの言葉——「心を混乱させるのは出来事ではなく，その出来事を当人がどう判断するかである」——を引用するのを好んだ。本書を読み進めると，他者との日々の交わりの中で，出来事に関する判断がどれだけ大きな違いを生み出しているかがわかるようになるはずである。簡単に言えば，《物事の見方のせいで，人は腹を立てる》のである。

私は研究者であり，教師，セラピストでもあり，40年以上に渡って，建設的な自己表現（怒りも含む）に焦点を絞ったものを書きつづけてきた。著作の内容は，枕をガンガン殴る行為やボボ人形〔訳注：空気で膨らませた起き上がりこぼし型の大きなビニール人形〕から，自己認識エクササイズ，行動スキル・トレーニングを経て，瞑想，マインドフルネス，アクセプタンス＆コミットメントなどにまで及んでいる。怒りが常に人間の体験の一要素でありつづけるだろうことは，私にとって自明のことである。

怒りについてわかっていることは，いくつかの重要な原則にまとめられることに，私は気づいている。

- 怒りは，ごく自然で正常な人間の感情であり，行動様式ではない。
- 軽度の腹立ちは健全であり，解決すべき問題があることを教えている。
- 慢性的な怒りは健康に重大な被害をもたらしうる。
- たいていの怒りは，発生する以前であっても，和らげることができるし，和らげるべきである。
- 私たちは，物事の見方——思考，価値観，信念——のせいで腹を立てる。
- 怒りを表に出さなくてはならない場合は，仕返しではなく，解決に向けて取り組むのがベストである。
- 怒りのいかなる対処法も，常に誰にも効果を発揮するわけではない。

このワークブックが優れている点のひとつは，一種の構造化された日記として，自分の進歩の経過をたどる場となり，もし記録をつけていなかったら避けていたかもしれない問題について，考えざるをえない状況を生み出しうることである。普通の日記と同じく，当人が望まないかぎり，他者の目に触れることもない。自分の回答や考え，恐れや問題を，存分に記

録しておくことができる。

　本書で学ぶ概念についてじっくり考えよう。エクササイズをすべて行ない，質問に回答し，空欄をきちんと埋めよう。余白にどんどん書き入れよう。そして，何をおいても，とにかく自分自身に正直になろう。本書は，信頼できるガイドであり，強力なツールである。これを活用して，寄生性の怒りを自然な怒りの表出に変える旅への意欲を高め，旅程を組み，その旅の記録を取ろう。あなた自身のために大いに活用しよう。

——ロバート・アルベルチ

『自己主張トレーニング』（東京図書）の共著者

目次

怒りを適切にコントロールする
認知行動療法ワークブック

少しずつ解決に近づくエクササイズ集

はじめに

　怒りのせいで望んでもいないトラブルを引き起こす人は，ごまんといます。もしあなたもそのひとりなら，本書をお読みください。腹が立つ理由が多過ぎるのなら，少しずつ減らす方法がわかるようになります。また，腹を立てるのにうんざりしていて，もっと穏やかに暮らしたいと思っているとしたら，本書はそれについても取り上げています。さらに，他者の怒りから自分を守る方法も本書は教えています。

　怒りはどのようなときに問題になるのでしょう？　これは怒りだと思うとき，問題になります。でも，話はそれで終わりではありません。ほかにもいくつか，さまざまな時と場合に重要な意味をもつ破壊的かつ攻撃的な行動があり，それらにはパターンがあるようです。では，どのような場合に，自分の怒りに取り組む価値があるのでしょう？

- あまりに頻繁に，あまりに多くの形で極端な怒りを感じて，それが有害なレベルにまでなっているとき
- その怒りが，生活の質にマイナスの影響を及ぼすとき
- その怒りが，身近な人に影響を与えているとき

　怒りを爆発させるたった一度の出来事だけで，人生がひっくり返ることもありえます。そのようなリスクは避けるだけの価値があります。

　本書では，時間とリソースとエネルギーを消耗するようなタイプの怒りを，《寄生性の怒り》と呼んでいます。もしあなたが，怒りは自分にとって問題であり，寄生虫のように有害

だと思っているとしたら，すぐにでもその軽減に取り組もうという覚悟がありますか？　もし答えが「はい」なら，そうする方法はたくさんありますので，ご安心ください。

　本書では，認知行動療法（CBT）という一種のセラピーに基づいた立証済みのテクニックを使い，寄生性の怒りを予防したり軽減したりする方法をお教えします。まずは，CBTの歴史にさっと目を通し，なぜこれが効果を発揮するのかを理解していただきます。その後，私がどういう経緯でCBTを使ったセルフヘルプの専門家になり，破壊的なタイプの怒りと闘うことで前向きなスキルを構築するようになったかをお話しするつもりです。同じ道を歩もうとするあなたに役立つテクニックやエクササイズが，本書の至るところにたくさん見つかるはずです。そのいくつかは，本書のウェブサイト（http://www.newharbinger.com/44321）でダウンロードしてご利用いただけるようになっています（詳細は巻末の特典案内をご覧ください）。自分の状況に当てはまるCBTの方法を選択し，それらを練習することによって，あなたは間違った信念から自由になり，新たに健全な信念を生み出し，これまでよりも前向きな感情の体験を重ねられるようになり，これからの人生を，あまり腹を立てずに，はるかに建設的に過ごせるようになります。

CBTのおおまかな歴史

　認知行動療法（Cognitive Behavioral Therapy：CBT）という言葉は，怒りや不安や落ち込みなどといった否定的な状態を克服するために開発されたシステムの総称として，1970年ごろ使われはじめました。以来，何百万という人々がCBTのさまざまな方法を使って，事実上ありとあらゆる心理的苦痛に取り組んできました。言葉自体は比較的新しくはあるものの，CBTの多様なメソッドは2,400年以上前から存在しています。CBTには，ギリシャの哲学者ソクラテスと古代ギリシャのストア派に感謝すべき恩義があります。彼らは初期の認知療法士だと，私は考えています。

　ソクラテスは紀元前400年ごろ自由回答式の意図的な質問法を編み出し，人々が自らを理解し，自らを鍛えられるように手助けしました。今日，ソクラテス式質問は，有害な間違った信念を解体するためにCBTで用いられるひとつの方法として，実証的に支持されています（Clark and Egan 2015; Heiniger, Clark and Egan 2017）。どのように質問を使って明確な認識を得るか，例をひとつ挙げましょう。たとえば，世間の連中は自分をやっつけようとしていると信じ込んで腹を立てているとしたら，《地球上には70億の人が暮らしているけれど，その全員が自分について同じように考えているという証拠は，どこにある？》と自分に問いかけます。その答えは？　「その証拠はない」です。

　古代ギリシャのストア派は，思考が感情とメンタルヘルスに及ぼす影響について探りました。創始者ゼノン（紀元前約300年）をはじめとするストア派の哲学者たちは，自らを苦しめる

間違った思考を正すための推論法を考案しましたが，これは，現在，CBTのセラピストが使っているものです（Robertson 2010）。ストア派的な生き方をした古代の人々は，出来事の意味を誇張して混乱させた人々よりも大きな心の平安を見出していたと思われます。つまり，ストア派の方が，より多くの感情を幅広く体験していたということです。

ストア派は感情を，「判断の結果として生じるもの」と考えていました（Graver 2007, 29）。そして，出来事が必ずしも特定のタイプの思考を決定するわけではないことにも気づいていました。彼らは，間違った信念や判断がどのように感情過多を助長するかを探りました。さらに，間違った信念を見きわめて取り除く方法について研究し，それを人々に教えました。自分でコントロールすることのできない災難や困難や問題の受け入れ方も考案しました。彼らは，怒りなどのごく自然な感情や，間違った信念や判断を伴わない自然な感情に基づく行動に好奇心を示し，責任ある質素な暮らしを続けました（Graver 2007）。ストア派の見解は，心の健康の改善に努めていた数多くの学者や精神科医，心理学者の研究や仕事に影響を与えました。

CBTには仏教の教えも含まれていることがわかります。以下はその例です。

- 心の働き方を知ることで自分自身の理解が深まる。
- 物事をありのまま受け入れる。
- 不快な思考は前向きな思考に置き換える。
- 品行方正に振る舞う。これは，他者にとっても自己にとっても「賢明な利益 enlightened interest」となることである。
- 瞑想し，さまざまな洞察から叡智と思いやりを育てる。
- 悟りの敵は，嘘，不正な取り引き，暴言，他者への危害である。
- 何事にも終わりがある。
- 万物は変化する。

上座部仏教の経典（紀元前300年から100年の間に書かれたもの）は，怒りを減じて自らと社会を助けることに関するゴータマ・ブッダの教えとして，①挑発に乗らない，②優しくする，③暴力と復讐を回避するために「正しく考える」，の3点に言及しています。現代科学はこの3点を支持しています（Ariyabuddhiphongs 2014）。

さらに，CBTの原則と実践は，20世紀初期および中期に活躍した数多くのセラピストや理論家の研究や仕事にも見つかります。こうしたセラピストや理論家は自主的に，思考と感情と行動の間にある点を結びつけていました。彼らの研究はやがて，否定的な思考が否定的な感情と有害な行動の引き金を引くという理解につながり，さらに，否定的な思考は再教育によって変えることができるという理解にもつながっていきました（Dubois 1909b; Williams 1914, 1923）。そこから行動的条件づけの方法が開発され，子どもが恐れや恐怖症を克服するのに役

立てられるようになり（Jones 1924），成人が不要な抑制から脱け出すのに役立てられるようになりました（Salter 1949）。

本分野の先駆けとなった人々は，怒りを引き起こす否定的な評価に破壊的な力があることを認識し，実践的な解決方法を提供しました（Ellis 1977; Beck 1999）。20世紀の数多くの先達たちは，思考を変えることで感じ方を変えられることだけでなく，行動の取り方を変えることで思考と感情を変えられることまで理解していました。

CBTは生きている海綿のように，根拠に基づいた新たなテクニックとシステムを常に吸収することで成長しつづけています。アーノルド・ラザルスのマルチモーダル・セラピー（MMT），心理学者スティーヴン・ヘイズのアクセプタンス＆コミットメント・セラピー（ACT），ジンデル・シーガルとジョン・ティーズデールのマインドフルネス・ベイスト認知行動療法（MBCBT）は，CBTとは別個に展開していますが，CBTというシステムの土台を広げてもいます。

研究が示す CBT への支持

CBTは，他のいかなる心理療法より，好ましい結果研究やメタ分析（データのパターンや傾向を見つけるために用いられる，さまざまな研究に関する研究）が多く，今や代表的なセラピー・システムとなっています。私は，非公式とは言え，CBTに関するメタ分析を501件調べました。それらはいずれも，怒りや不安，抑うつ状態，PTSDの軽減はもとより，睡眠障害や完璧主義といった他の困難の軽減にとっても，CBTが最強の支えになることを証明しています。ボストン大学の心理学教授ステファン・ホフマン（Hofmann and Asmundson 2017）はCBTに関するメタ分析を科学的に106件調べ，CBTによる介入が不安や怒り，一般的なストレスの軽減に役立っていることを，それらの研究結果が説得力のある形で支持していると認めています。

読書による成長

CBTに関する読書は生活改善に利用できるでしょうか？　確かに利用できることが，研究によって明らかになっています。読書療法は，書物（たとえばセルフヘルプ本など）をセラピーとして利用し，心の状態を治療します。私はCBTの読書療法に関する学術論文を158編調べましたが，その大部分において，自力での取り組みにせよ，専門家の指導による取り組みにせよ，当人にとって肯定的な結果が得られたことが報告されていました。この「読書を通じて癒す」方法による改善は持続性もあるようで，また，ある分野の変化は，その問題に関連する別分野にもよい影響を与える可能性もあります（Wootton et al. 2018; Spinhoven et al. 2018）。

セルフヘルプ本はどのように選んだらいいのでしょう？　チャップマン大学のリチャード・レディング教授は，専門的な訓練を受けた博士号レベルのメンタルヘルス専門家がひとつのテーマに絞って書いたものを奨めています。彼は，高く評価されているセルフヘルプ本が認知行動的な方法を重視していることを明らかにしました（Redding et al. 2008）。今あなたが手にしている本書は，その基準を満たしています。

本ワークブックを使って寄生性タイプの怒りと闘うことで得られる利益は，以下の6点です。

1．かなり短時間で，セルフヘルプに関する予め検証された考え方を学ぶことができる。
2．専門的に設計された数多くの自己改善実験を利用することができる。
3．自分と関係のある内容に基づいて，実行するものを自由に選ぶことができる。
4．自分のペースで取り組むことができる。
5．重要な箇所に印を付けておき，何度でも好きなだけその部分に取り組むことができる。
6．さまざまな実験を自分の状況に合わせて変更し，その結果に応じて調整することができる。

行動することで成長する

CBTには重要な構成要素がふたつあります。ひとつは，新たな知識と視点の増進に役立つ情報を得ること，もうひとつは，行動課題をきちんとやり遂げることです。

まず，怒りを軽減する戦略を学ぶには，以下の内容を知ることが重要です。

• 思考と信念がどのように感情に影響を及ぼすか。
• 問題となる怒りは，不安や否定的な気分，渇望，恐れなどといった他の問題と，どのように同時に発生するか。
• どのようにして怒りに的を絞り，どのようにして怒りを軽減するか。
• どのようにして寄生性の怒りの思考を見分け，そうした思考が発生したとき，どのようにしてその影響を弱めるか。

次は，行動を実践するセッション（行動課題）が中心になります。これは，活発に進められるどのような自己改善法においても同様で，CBTのもっとも重要な部分のひとつです（Kazantzis et al. 2018）。CBTを形作った一人であるアルバート・エリス（Ellis 1962）は，実際的な環境でさまざまなアイデアを試すには，「家庭での課題」の実践が非常に重要であると主張しました。そうして実践する中で，思考と感情と行動に関する新しい取り組み方を実験し，自分の行動

の結果を評価し，得られたフィードバックに基づいて調整をするのです。改善するには，これ以外に方法はないでしょう。

　本書を読み進めていただくと，これが，認知（考えること）と感情（感じること）と行動（行なうこと）に関する実験を満載した相互作用的なワークブックであることをおわかりいただけるはずです。自分に合っていると思うものを選んでください。行動課題を自分で選ぶのです。

　CBTを学んで実践し，怒りと自分の関係を前向きに変えるには，どれくらいの時間がかかるのでしょう？　厳密な基準はありません。人それぞれ，今いる変化の段階は異なります。問題は，生活状況の変化につれて変わります。怒りの種類も，ニュアンスも，状況も，あまりに多いため，本書でそれらをすべて考察するのは実際的ではありません。怒りに関する特定の問題領域を対象にした方法を，自分に合わせてアレンジしなくてはならないこともあるでしょう。たとえば，仮に紙幅に余裕があったなら，私は「喧嘩の絶えないカップルと怒り」に関する章も喜んで書き加えたはずです。しかしながら，3単位もらえる大学の歴史講座にかける時間の半分でも，毎週このワークブックにかけるなら，あなたはおそらく，4ヵ月以内に目覚ましい進歩を遂げることでしょう。試してみてください。かける時間は調整してください。

自制への道
||||||||||||||||||||||||||||||||||||||

　自制とは，要約すると，自分自身と自分の周囲のコントロール可能な出来事に対して，現実的な統率感をもつことです。日々の試練と人生の重要課題双方を経験することによって，災難に対処し肯定的な機会を追求する自分の能力について，多くを学ぶことができます。人としての変化は，自制のプロセスであって，出来事ではありません。自制を目ざす方法はいろいろありますが，意外にも，不要なタイプの怒りへの取り組み方を学ぶことは，そのいずれにも劣らない優れた方法です。自制は，自己学習を支える3本柱──失敗はない，責めない，準備する──を足場としています。これらの柱に支えられた舞台の上で，認知と感情と行動に変化をもたらす方法を身につけ，それらを使って寄生性の怒りと闘うのです。

「失敗なし」の道

　よい結果を引き出せるセラピストは，クライエントが現実的な気づきを増やせるように手を貸し，生産的な行動を生み出す触媒の働きをします。まさにこの「気づき−行動」の方向に進めば，寄生性の怒りは克服することができます。しかしながら，これには，知識を深め，解決法を用いた実験を行なうことが必要です。これについては，また次に取り上げましょう。

　失敗は人生に付きものです。あなたも，望んでいた職に就けなかったり，夢のお相手とデ

ートできなかったり，入学試験に失敗したりするかもしれません。そうした失敗がもたらす影響は，命に関わるようなことはまずありません。おそらく，すぐに立ち直り，もう一度試したり，別のやり方でやってみたりすることでしょう。これは，学びのプロセスです。「失敗はない」とする進め方は，失敗を学びの機会とみなします。この方法を使って自制を身につけようと努力すれば，その過程で，何が役立ち，何が役立たないか，どうすれば改善できそうかに気づいていきます。科学者になったつもりで，実験するのです。自分自身を包括的に判定するのではなく，プロセスと結果を判定し，寄生性の怒りを軽減したり取り除いたりするために，自分にとってもっとも役立つものを見出すのです。

　トーマス・エジソンがこの考え方を明らかにしたのは，自分の発明について訊ねられたときです。どのようにして数えきれないほどの失敗に耐え，電球のフィラメントを発明できたのかを訊ねられたとき，彼は思いがけない返答をしました。エジソンは，「私は何が役に立たないかを見つけ出しているのです」と言いました。

「自分を責めない」道

　もし合法的に駐車している車のバンパーをこすったら，あなたは責めを負い，修理費用を支払うことになります。責めがこのレベルに留まるのであれば，怒りの結果が人間性に及ぼす影響ははるかに少ないでしょう。ところが，人はしばしば，適切に苦情を言えば済むところを，責め立てて非難し，ことを大袈裟にします。本書は，どのようにしたら過剰に責めることなく生産的に自分の肯定的な利益を高め，権利を主張できるかを語っています。

「備える」道

　アーティストであれ，機械工，教師，経営者であれ，トップにいる人たちは生涯をかけて多くのスキルを磨き上げていきます。そうしたスキルの開発にはとてつもない時間の訓練が必要であり，その訓練の多くは，行動上のスキルを身体的に向上させると同時にメンタル面をも鍛えます。同様に，怒りに対処できるメンタル面を準備するのにも，時間と訓練が必要であり，客観的な思考法と問題解決を目ざす行動とを融合させた形でスキルを磨くことも必要になります。このプロセスを表現するために，私は「メンタル空手」という言葉を造りました。ポイントは，あなたの性格と状況にふさわしい方法で実験を行なうことです。古い格言にあるとおり，「転ばぬ先の杖」を用意するのです。

　数千年以上前から，過剰で極端な怒りと攻撃のせいで個人や社会や健康に危機が生じるのを，数多くの賢人が見てきました。私たちは幸運にも，問題のある怒りの克服法を知る立派な考えの思想家と同時代に生きています。その何人かは本書に最高の助言を提供してくださっていて，それらはどの章にも見つかるはずです。怒りに関するさまざまな話題を取り上げ

た助言集である第12章は言うまでもありません。

あなたには何が役立つ？

〓〓〓〓〓〓〓〓〓〓〓〓〓〓〓〓〓〓〓〓〓〓〓〓〓〓〓〓〓〓〓〓〓〓〓〓〓

　万能の解決策はありません。ある状況では間に合っても，別の状況では間に合わないかもしれません。誰もが同じサイズのシャツを着るわけではありませんし，誰もが同じ色と同じデザインを好むわけでもありません。それでも，シャツには共通の特徴があります。それと同じことが，CBTの怒り軽減アプローチにも言えます。状況によっては，他よりふさわしいものもあるでしょう。ハイキングや肌寒い日には，長袖のTシャツがふさわしく，フォーマルな集まりにはボタンダウンのシャツがふさわしいのと同じです。

　本書は，寄生性の怒りを克服する方法を数多く取り上げています。大きな影響を与えるものもあれば，小さな変化しか発生させないものもあるでしょう。しかしながら，小さな変化も，無視していい変化ではありません。積み重なれば大きなものになります。そうした小さな変化は，それよりも大きな変化と一緒になり，進歩を促す蓄積効果の一部として働きます。

　また，人はそれぞれ異なる進度で変わっていくことも覚えておきましょう。多くのことが準備と動機の強さに左右されます。途中，つまずいたり，突然力走したり，足踏みしたりすることもあります。徐々にペースを上げていく人もいれば，最初は猛烈な勢いで取りかかり，その後ペースを変えて気楽に進んでいく人もいます。

　何か重要なこと——本書の場合は，怒りの有害な影響の軽減——をやり遂げようと一度決心すると，その関心を支援するアイデアが至るところに見つかります（Payot 1909）。あなたは最終的に，対処の枠組み——すなわち，怒り問題を阻止してそれと闘う自分にぴったりな一連の検証された方法——を創り上げるでしょう。自分にふさわしいと思われる方法を身につけていくうちに，いきなりポンと進歩することがあります（Tang et al. 2005）。そんな飛躍があった場合，同時に，否定的な思考が軽減していることもよくあります（Wiedemann et al. 2020）。本書は，否定的な思考を軽減するアイデアも多数取り上げています。

　あなたはあなたの船の船長で，人生という大海原でその舵を取っています。より健康で，より幸福で，より前向きな方向に進むために，自分でできることがたくさんあります。しかしながら，怒りに関する重大な難局に直面している場合は，すべて独力でしようとする必要はありません。CBTのカウンセラーが，さながら港長のように手を貸し，危険が潜む水域を指摘して，障害を切り抜ける方法を教えてくれます。もし既に専門的なカウンセラーと怒りに取り組んでいるのであれば，本書を活用して，自分の進歩を支援し加速することができます。

第 1 章

さまざまな角度から
怒りを見る

　怒りはしばしば，攻撃の破壊的前兆として，不当なぬれぎぬを着せられています。心理学における初期の開拓者であるフレデリック・トレーシーはそうは考えませんでした。彼は怒りを，「教育が滅ぼすべき力」ではなく，「教育が指導すべき力」だと考えていました（Tracy 1896, 47）。怒りの問題はその乱用にあります。

　怒りの例をふたつ見てみましょう。ひとつの例では，子どもが泣いたという理由で，親がその子を叩いているのを見たとき，あなたは保護的な感覚の怒りを感じています。もうひとつの例では，あなたは自分の家の鍵をどこかに置き忘れ，誰か責めることのできる相手を探しつつ，癇癪を起こしています。これら2例を，1枚のコインの両面だと考えましょう。

　片方の面では，《自然な怒り》が発生しているのに気づくはずです。それは，脅威に対する抵抗を結集する力です。不公正や不平等に抵抗する感情であり，優位の表現でもあります。自然な怒りを示すのは，他者の有害な行動をコントロールしようとするからです。自然な怒りを示すのに，言葉は不要です。自然な怒りが存在するようになったのは20万年も前のことであり，それは，今私たちに理解できる言語が使われるようになる前のことです。

　コインのもう片方の面は，《寄生性の怒り》です。このタイプの怒りは寄生虫のように振る舞い，精神的リソースと感情的リソースを徐々に奪っていきます。この怒りは無意識に発生する反応で，発生のきっかけになるのは，生き残りや繁栄，友情の構築のほか，肯定的な出来事の多くとはほとんど関係のないことです。

　どうすれば，寄生性の怒りから自由になれるのでしょう？　その旅は，本章から始まります。本章では，以下を扱っています。

- 怒りの調査票（不要な怒りを軽減するために，あなたがどのようなスキルを身につけたり向上させたりしたいと思っているのかについて）。
- 怒りの9要因。
- 怒りが果たしている4つの主な目的。
- 怒りによる緊急事態を解決する方法，および，事態が手に負えなくなる前に有害なタイプの怒りを鎮める検証された方法（変化に必要な3つの重要な見地から）。

20世紀初期のある心理学者は怒りを次のように考えていました。

　　怒りに関する問題は，その存在ではなく，それをコントロールして適切な機能に限定しておくことが難しい点にある。適切に自制し躾けなければ，当然ながら，それは精神生活に混乱と苦痛を引き起こす（Cooley 1902, 252–253）。

　怒りは，種々の根本的な感情の中で，もっとも複雑で，もっとも物議を醸します。怒りがしばしばもっとも恐ろしい感情だとされるのは，主として，それには通常，攻撃や威嚇，暴力，敵意，憎悪，不快感が伴うからです。
　怒りは，どのように広く浸透しているのでしょうか？　米国心理学会が2017年に行なったストレス調査では，回答者の35％が，ストレスの結果生じた苛立ちと怒りを問題であると報告し，7.8％が，怒りの爆発と，叫ぶ，叩く，ものを投げるなどの攻撃的な行為を報告しています（Okuda et al. 2015）。
　怒りが，あなたにとって問題となっている場合，自分ができることの何から手を打ちはじめますか？　怒りに関する以下の調査票は，どのような領域のスキルを適用して寄生性の怒りを克服していくかを特定するのに役立ちます（この調査票は本書のウェブサイトからダウンロードすることもできます。http://www.newharbinger.com/44321）。

怒りの調査票

　本調査票は，想定されうるすべての怒りを取り上げているわけではありませんが，本書の内容に適用できるものであり，あなたが焦点を絞るべき重要な領域を特定するのに役立ちます。

　使い方　各項の説明を読み，あなたが向上させたいスキルに該当すると思ったら，「はい」の欄にチェックを入れましょう。右端欄の数字は，関連するスキルを取り上げている本書の章を示しています。

説明	はい	修正方法に関する章
1. 時間をかけて頭を冷やせるものなら，そうしたい。		1
2. 抑えが利かなくなるほど激怒するのをやめられたらいいのにと思う。		1
3. 自分の怒りがどこから来るのか，もっとよく知りたいと思う。		1
4. 大声で叫んだら，怒りと緊張を和らげるのに役立つのかどうか，知りたい。		2
5. 他者を非難するのをやめる方法があるなら，そのようにしたいと思う。		2
6. もっと寛容な気持ちになりたい。		2
7. 怒り思考を変えることについて，もっと知りたいと思う。		3
8. 怒りのせいで何度も同じ問題を起こすのをやめたいと思っている。		3
9. ごく簡単な解決方法があるなら，使いたい。		3
10. バランスの取れた見方を失ったら，また取り戻したいと思う。		4
11. 自分の判断スキルをもっと効果的に使いたいと思っている。		4
12. 怒りに任せて考えをうやむやにするのではなく，明晰に思考したいと思う。		4
13. 誰かから不公正な扱いを受けても，有効に対応したいと思う。		5
14. 極度の不信感を抱くことがあるので，それを変えたいと思う。		5
15. 偏見のない言葉の使い方をしたいと思っている。		5
16. ストレスを感じることがあまりに多いので，もっと穏やかな気持ちになりたいと思う。		6
17. いつもあまりよく眠れないので，それを治したいと思う。		6
18. 怒りすぎるのは健康によくないと思うので，そのリスクを減らしたいと思う。		6
19. すぐイライラするので，それを克服したいと思う。		7
20. ささいな状況を深刻に考えすぎて動揺することがあるので，状況を正しく捉えるようにしたいと思っている。		7
21. もっと内省的になる必要があるとわかっているので，何か新しいスキルを身につけたいと思う。		7
22. 怒りに関する問題をたくさん抱えているが，解決策は十分にないので，問題解決に関する新しい考えを進んで取り入れたい。		8
23. 怒りを，解決できる問題として扱うことができるなら，そうしたい。		8
24. 激怒しはじめる前に，怒りのスイッチを切ることができたらいいのに……。		8
25. 腹を立てずに自分自身を擁護しなくてはならないときがある。		9
26. 自分の利益を力強く，ただし攻撃的にならないように，主張したいと思っている。		9
27. 困難な状況では，いっときのことに囚われずに考えなくてはならないと，自分でもわかっている。		9
28. 自分にはすぐ結論に飛びつく傾向があるので，それを減らしたいと思う。		10
29. もっと人の話をよく聴くようにしなくてはならないと，自分でもわかっている。		10
30. 明確な意思疎通ができるようになれば，自分の問題の多くが片づくだろう。		10

説明	はい	修正方法に関する章
31. 強く反応しすぎることがあるので，ゆとりをもてるようになれたらいいと思う。		11
32. どうすべきかはわかっているが，どうしても以前の怒る癖が出てしまう。		11
33. 変わるための地図があるなら，そのとおりに進むのだけれど……。		11
34. 怒りによってどのような損失が生じるのか，どうすればそれを減らせるかについて，判断できるようになりたいと思っている。		12
35. 行動に出る前にさまざまな角度から物事を見られるように，もっと頑張らなくてはならないと，自覚している。		12
36. 腹が立つ状況において，もっと素早く自分の選択肢を考えられるようになりたいと思う。		12

　怒りの減らし方にいきなり入る前に，なぜ自分は怒りを減らさなくてはならないのかをはっきりさせることが重要です。少し時間をかけて，これについて考えましょう。

　寄生性の怒りの問題に取り組もうと思った動機はなんですか？　たとえば，どのようなつらい結果を避けようとしているのですか（つらさを避けようとするのは有益です）？　何が手に入りそうですか（健全な結果を手に入れるのは有益です）？　以下の囲みの中に，寄生性の怒りのパターンを断とうと思った主な動機を3つ書き入れましょう。

1.

2.

3.

　書いたもの——上の囲みに記入したものなど——を目にすることで，行動する動機が強化されることもあります。

怒りの9要因
||||||||||||||||||||||||||||||||||||||||

　怒りというコインの両面——自然な怒りと寄生性の怒り——について，もう少し詳しく見ていきましょう。

1．自然な怒りは，外に向かう感情である
　自然な怒りがこみ上げると，脅しに立ち向かうために奮起する。交感神経系が働き，攻

勢に出るためのホルモンが分泌される。外界の怒りのトリガーに焦点を絞るのは，危険に立ち向かうとき，そうすることが有効だからである。

2．有害な怒りのほとんどは，寄生性の怒りである

寄生性の怒りを生む信念には，「私は主導権を握らなくてはならない」，「私は誰よりも賢くなくてはならない」，「世間は私の願いを聞き届けるべきだ」などがある。これらの信念のせいで，特定の状況に意味が生じ，怒りが発生する。そうした自我の信念は，誰かにその存在を脅かされると，怒りの感情や攻撃的な行動を誘発して増幅する力を生み出す。

3．寄生性の非難によって怒りがかき立てられるのは，珍しいことではない

怒りは通常，何かや誰かに反発する感情が外に吹き出したものである。たいていの人は現実を，自分が見ているとおりのものだと信じて受け入れ，誰もが自分の体験を内面から指揮していることには気づいていない。たとえば，非難は概して信念が外面化したものであり，それが激しい糾弾にまでなると，怒りを引き起こすことがある。運転中，のろのろ運転する車を非難して，その車に道を空けさせることを正当化していたりしないだろうか？

4．怒りは内面に向かうこともある

怒りを表に出した場合に生じる社会的な影響やしっぺ返し，自制心の喪失などを考えて，その恐怖を隠そうとしたり，怒りを表出させるのは無作法だと信じ込んだりすることで，怒りは抑圧される。また，怒りを自分自身に向け，自分のあら探しをして，不完全な点をことごとくあげつらって自らを責め立てることもある。

5．怒りは認識されていない影の感情である

怒りは，落ち込みや不安，その他の不快な状態と同時に発生し，それらをさらに耐えがたいものにする（Cassiello-Robbins and Barlow 2016）。また，怒りが先に発生し，抑うつ状態を長引かせて増幅させることもある。しかし朗報もある。怒りと抑うつ状態と不安という3症状が揃った場合，怒りを軽減させれば，抑うつ状態と不安も軽減することがよくあるという点である（Kim 2018）。

6．怒りは記憶に影響を与え，視野狭窄を助長する可能性がある

怒りには，記憶を妨げて，詳細をあまり思い出せなくする傾向がある。こうした記憶の欠損によって，自己修正するために憶えておくべき情報が限定されることもある。激しい怒りは，複雑な状況を見きわめる能力を低下させる。したがって，高レベルの怒り

になるほど，寄生性の怒りのパターンを繰り返して悪い結果を増やしていくという，最悪の状況に陥る。

7．怒りと敵意は別のものだが，関係はある

敵意がなくても，腹を立てることはある。たとえば，体を攻撃されれば，怒って反撃する。この防衛行動は正常で機能的であり，一時的なものである。敵意は憎悪に満ちた執念深い感情で，なかなか消えることがなく，危害を加えようという考えが混じっている。敵意には，敵対行為と他者の不幸を喜ぶ気持ちも含まれている。相手の敵意に対する自然な怒りは，普通は適切である。

8．怒りと攻撃は，関係はあるが，別のものである

怒りは感情である。攻撃は怒りや敵意の行動的表現であり，さまざまな形で顕れる。たとえば，脅しに対するごく自然な防衛行動，他者に対して故意に危害を加えようとする行為，自分が利益を得るための威嚇的行為などである。

9．攻撃とアサーティヴネスはいずれも問題に対応する方法である

攻撃は，殊に敵意のせいで抑えきれなくなり，しかも激しい怒りが推進力になっている場合，非常に危険である。攻撃は相手を傷つけようとする衝動であり，内省はしばしば，たとえあったとしても，ほとんどないに等しいほど乏しい。他方，アサーティヴネス〔訳注：自他を尊重した自己表現や自己主張のこと〕には内省的判断がより多く働き，それによって状況を見きわめ，不必要に他者を傷つけることなく，自分が望んでいる変化をもたらすのに本当に必要なことだけをする。

これらの9要因を理解すること，そして，この9要因が自分の怒りにどう当てはまるのかを理解することが，怒りを軽減させるこの旅では重要です。さらに，怒りを異なる観点から眺めることも重要です。

怒りに関する4つの見解

怒りについて考えるとき，あなたは，怒っている人の顔つきや身の構え方，その感情と結びついた発言の性質と口調について考えるかもしれません。しかし，型にはまった考え方をしていませんか？　怒りが社会的にどう表現されているかに注目すると，人それぞれであることにも気づきます。実際，怒っているときに微笑む人もいます。そして，同じ人が同一の状況で，さまざまな怒りの表情を示す可能性もあります。言うまでもなく，文脈も重要です。

　怒りは複雑です。怒りは，合図にも，症状にも，保護するものにも，問題のある習慣にもなりえます。以下の 4 つの見解を掘り下げていきましょう。

１．怒りは合図である

　怒りは他者に，おまえは引っ込んでいろという合図を送る。怒っているときの表情や姿勢，声のトーンがこの意図を強調する。約 20 万年前，怒りの合図は別の目的にも役立っていた。自分の集団が肉食動物や他集団に脅かされ，逃げるより闘う方がよいと考えた場合，長（おさ）は怒りの合図を発することで，集まって防御するよう仲間に警告したことだろう。

２．怒りは症状である

　怒りのほぼ半数は抑うつ状態と同時に発生していて，これは，社会不安や一般的な不安，恥辱を感じている人によく見られる状況である。怒りはまた，空腹や睡眠不足の徴候，インフルエンザ発症時などの症状として生じることもある。ここで難しいのは，合図を正しく読み取り，対処すべき問題に対処することである。

３．怒りは，保護するものである

　今，怒りがこみ上げているとしたら，それは，脅しに向かって進めるように，生物学的に興奮した状態にあるということである。怒りはまた，不公平を是正しようという気持ちや，弱者を危害から守ろうという気持ちを駆り立てることもある。

４．怒りは，問題のある習慣である

　怒りの中には，否定的な思考パターンを反映しているもの（すなわち，寄生性の怒り）もある。そうした思考パターンは，なんらかの状況を，面倒で受け入れがたいもの，自分の自我に対する挑戦，自分の期待を裏切るものなどとみなしたときに発生する。このような心の状態は，気づきの表面近くにあっても探知は逃れる。したがって，当人がいずれそれらを意識するようになり，その自然な成り行きを変更するまで，その状態は続く。

　怒りの研究者たちは，怒りの方向性に言及するとき，《アンガー・イン》や《アンガー・アウト》というようなラベルを使います。また，《特性》と《状態》といったラベルが，過剰に腹を立てる生来の傾向と，状況に左右されることの多い怒りについて使われることもあります。こうした怒りのラベルは，怒りという分野の研究計画を立てる場合には役立ちます。

　さて，ここに大きな問題が立ちはだかります。もし過剰な怒りから来るストレスや緊張などの副産物を減らしたいと思ったら，あなたは何をしますか？　まずはそれを見つけ出しましょう。

　仮に社会不安があり，他者に評価されるのを恐れている場合，他者が自分を誤解している

と考えることで，腹を立てるかもしれません。怒りによる防衛は別の形でも現れます。自分に主導権があると感じてゆったりした気分でいるためには，他者の服従が必要です。これについては，コントロールを失うかもしれないという虚構の恐怖の中に，脅威と錯誤が潜んでいます。

最高の助言：考えを明確にする

　怒ることで恐怖に対処し，他者をコントロールしている場合，それを変える責任は誰にあるのでしょう？　ジョージア州アトランタのエド・ガルシア（91歳）は，芸術家であると同時に心理療法士であり，この「怒り－恐怖」という難題に取り組んでいます。

　今ある怒りのパターンは強靭さの顕れでしょうか？　必ずしもそうとは言えません。場合によっては，自分の恐怖を克服する力を得るために，他者をコントロールして自らを守ろうとすることがあるからです。問題を抱え込んだままでいて，いったいどこが強いと言えるでしょう？　自分自身を変えなければ，このパターンからの解放はほぼ望めません。

　自分が恐れていることを行なうことで，強靭さは示されます。たとえば，誰かに反対されるといつも腹が立つという場合，あなたは何を恐れていますか？　腹を立てるのはやめて，別のことをしましょう。たとえば，合意できる点を見つけて，「それについては賛成だよ」と言うのです。こうしたシンプルなステップを踏むことが重要です。そうしているあなたはもう，柔軟なやり方を受け入れています。問題を認め，責任を引き受け，その上で何かをすることによって，肯定的な変化への道に自ら踏み出すのです。そして，それこそが真の強靭さです。

緊急事態に対応する

　変化の初期段階では，それなりの怒りの緊急事態を体験することもあります。さまざまな形の寄生性の怒りを抑える初期の対処法をいくつか見ていきましょう。最初は，歩いて解決する方法です。

歩いて解決する

　歩くことがどう解決につながるのかを知るために，ダンがどういう状況になり，彼がこの

方法をどう使ったかを見ていきましょう。

　　仕事からの帰り道，ダンは怒りがこみ上げてくるのを感じた。顔が紅潮し，筋肉が緊張して，心拍が速まるのがわかる。「まったく，どうなってるんだ？　確かに今日は完璧にはできなかったさ。片づけなくてはならない問題がたくさんあるんだ。同僚たちはおれがそれらを解決するのは当然だと思っている。いつもこの調子だ」

　　ダンは，顧客や上司から受けていいはずの（受けるべき）敬意と評価を，自分は受け取っていないと思っていた。顧客たちは感謝しようとしないし，上司は彼の問題解決スキルを正当に評価していない。家が近づくと，ダンの考えは妻や子どもたちのことに切り替わった。「家族はおれのありがたみがわかっていない。おれはただの収入源ってわけだ」と彼は考えた。いつものことだった。

　　もうここ何年もそうだが，その日も彼は怖いくらいの怒りモードで家に入った。床に散らばったおもちゃが目に入る。「そのがらくたを片づけろ。じゃなきゃ，捨てるぞ」と，子どもたちに怒鳴った。それから妻に向き直り，「なんでおれの夕飯がテーブルにないんだ！」と怒鳴る。床におもちゃが散乱していなかったとしても，別の何かがあった。テレビの音が大きすぎる。子どもたちがちゃんと勉強していない。妻には，もうちょっと身なりをなんとかしたらどうだ，等々。いつもの怒りの長広舌のあと半時間もすると，ダンは落ち着きを取り戻し，罪悪感に苛まれて，「もう二度とこんなことはしない」と自分に誓った。その志はよし。だが，空約束だった。

　　ダンの妻はもう限界に達していた。ある日，いつになく強い覚悟が伝わる口調で，妻はダンに言った。「あなたがどんな問題を抱えているとしても，それは私たちの問題じゃないわ。それをなんとかしなくちゃいけないのはあなたよ。それができないんなら，私たちはいなくなると思ってちょうだい」

　　ダンと妻は以前，彼の怒りについて話し合ったことがあった。今回ダンは，妻が仕事のことを言っているのだとわかった。彼が変わろうと思ったのは，家族に暴言を吐かないようにしようと思ったからであり，自分がもっとも大切に思っている人たちとの関係を維持したいと思ったからである。それは強力な動機となった。

　歩いて解決するやり方は，初期に取るべきシンプルな方法で，時間を稼ぎ，状況をじっくり考えるためのものです。15分ほど歩き，怒りを感じているさまざまな身体部位を見分けます。そのあと，自分が何を考えているかを記録し，怒りの感情と結びついている思考を特定します。

　ダンは，次に職場できつい一日を過ごしたとき，歩いて解決するこの方法を使い，15分歩いてから，家に入りました。彼は歩いている間に3つの重要な質問に答えを出し，3段階のやることリストを考えつき，その意味を考え，結果も出しました。

寄生性の怒りはどのように感じられるか？

ダンは最初の5分間，筋肉の緊張や心拍など，体の感覚をしっかり意識しました。怒りがこみ上げてきたときのさまざまな身体的要因を見分けることで，そのいずれもがそれほど負担になっているわけではなく，どの要因も取り除くための行動が必要なほどではないことがわかりました。

寄生性の怒りを生む思考はどのように聞こえるか？

心理学者のナイト・ダンラップ（Dunlap 1949）の所見によれば，人はどう《感じている》かを説明するように言われると，一般的にその答えとして，何を《考えている》かを説明するそうです。ダンはダンラップの助言を取り入れました。次の5分間，メモ帳を取り出して自分が怒って考えていることを書き留め，その考えと怒りの感情とを関連づけました。彼は主に，《自分は敬意を払ってもらっていない》と考えていました。

自分の思考の欠点はなんだろう？

ダンは，誰かが自分に対して敬意を欠いた行動を取った場合，それは何を意味しているのかを考えました。そして，《なんでも自分の思いどおりにいくとは限らない》という答えに行き着きました。次に，自分が職場できつい一日を過ごした場合，家族はそのことについてどんな責任があるのだろうかと自問しました。そして，職場について自分が考えていることは，家族にはなんの関係もないと思い至りました。彼は職場の問題を家にもち込んでいたのです。

ダンは15分歩くことによって，別の場所で時間を稼ぎ，自分の状況をじっくり考えました。1週間が過ぎたころには，自分の思考が穏やかになっていることに気づくようになりました。そして，以前よりも少しよい心もちで家に入るようになりました。

歩いて解決するこの方法を使いはじめて3週間後，ダンはもう，怒り狂う雄牛のようになって玄関をくぐることはなくなりました。笑みを浮かべて気持ちよく挨拶しながら家に入り，家族みんなが自分を見て嬉しそうにしていることに気づくようになりました。15分歩行のテクニックは，目的が限定的ながらも重要な場合に役立つ実践的なツールです。ダンは依然として仕事に関する怒りの問題は抱えていますが，今のところ，最優先の怒りの問題は解決できました。

怒りの急激な高まりを解決する3つの重要な方法：実践の見地，経験の見地，核心的問題の見地から解決する

　ひと口に怒りと言っても，かろうじてそれとわかる程度のものから，自分を見失うほどの激しい怒りまで，いろいろです。この差異はどう説明したら，おわかりいただけるでしょうか？　人はときに，大ざっぱな考え方をします。寄生的な考え方をすることもあり，その場合は焦点が狭まります。考え方は生理状態の影響を受けます。たとえば，睡眠の質が悪くなると，判断力に影響が出ます。怒りっぽくなることもあるかもしれません。怒りの型や程度には種々の原因や理由があるものですが，それらとは関係なく，実践の見地，経験の見地，核心的問題の見地から，寄生性の怒りを直接抑えることができます。以下はその説明です。

実践の見地から解決する

　あなたは今，怒りがこみ上げてくるのを感じて，厄介なことになるかもしれないと考えています。そのあなたには，どんな選択肢があるでしょう？　《実践の見地》から解決する場合は，賢明な友人なら助言してくれるような常識的なテクニックや，科学に支持されているシンプルなテクニック，有能な成功者たちが自らに有利になるように実践していることがわかっている方法を使います。賢明な友人なら，近所をひと回り散歩する，地元のカフェで一服入れる，100まで数える，携帯電話で友人に電話してとことんおしゃべりするなどしてみてはどうかと言ってくれるかもしれません。

　以下の3つは，研究の裏づけがある実践の見地からの実験です。試してみましょう。最初の実験では，怒りとリラクセーションを競わせます。ふたつ目は長期的な実験で，自分自身のペースで進めることができます。3つ目は思考を数えるテクニックです。

適切な角度で座る

　「椅子の背にもたれて，リラックスしましょう」というフレーズは，おそらくあなたも聞いたことがあるはずです。これには何か効果があるのでしょうか？　背筋をピンとまっすぐ伸ばして座るのではなく，ある角度をつけて座るとリラクセーションを誘発できるということです（Krahé, Lutz, and Sylla 2018）。この実験はいつでもできます。今すぐにでもやってみてください。

　次にストレスや怒りを感じたとき，30度ほどの角度で椅子の背にもたれて，5分間座りましょう。5分後，あなたの体はそれ以前よりリラックスした感じになっていませんか？　こ

の座り方を5回，別々の時間にテストして，その結果を以下の表に記録しましょう。各テストについて，どの欄が得られた結果をもっともよく描写しているかを調べてください。

それ以前よりリラックスした	ストレスや怒りが強まった
1.	1.
2.	2.
3.	3.
4.	4.
5.	5.

　どのようなことがわかりましたか？　わかったことを自己改善にどう活用できますか？　以下は，わかったことの例です。

わかったこと
背中の張りが和らいだことに気づいた。
怒る代わりにリラックスできると，日々の暮らしが順調に進んでいくことに気づいた。

　今度は，あなたが5回行なった実験でわかったことを説明する番です。以下の空欄に，あなたの反応を書き出しましょう。

わかったこと

　ある角度で座ることで気持ちが落ち着くように感じるなら，さらに，同時にできることがあります。次に怒りがこみ上げてくるのを感じたとき，5分間その姿勢で椅子の背にもたれて座り，その間，たとえば小川が広い野原をくねくねと流れていくのを眺めているところを想像するなど，静穏そのものといった光景を心の中で思い描きます。心も体もリラックスしたと感じたら，今こそ決断を下すときだと言えるでしょう。

　これを，その次に怒りを感じたときにも繰り返し，同じことを5回目まで続けます。

自分の感情に名前をつける

　自分の脳を理解すると，実践の見地からの解決方法を取り入れるのに役立ちます。たとえば，扁桃体——脳内にあるアーモンド型をした小さな部位——は，環境から入ってくる感覚情報と感情的な反応との転移点です。思考と言語と感情が形成される前の時代，生き残るための防衛に主として関わっていたのがこの扁桃体です。扁桃体が，最善の選択は闘争だとはじき出せば，それがその人の取る行動になりました。しかし，これは，怒りの感情と同じではありません。怒りは，反射的な闘争反応と関連はありますが，同じではありません。

　前頭前皮質は，思考や判断，問題解決という認知的プロセスの中心にあります。そして，この部位は，感情と防衛のコントロール・センターである扁桃体と結びついています。ふたつの部位は，怒りなど数多くの感情のスイッチを入れたり切ったりしますが，そのやり方は異なっています。

　この情報をどう活用すれば，自分に利益をもたらすことができるのでしょう？　自分が怒っているときに，それに気づくのは，認知プロセスです。この認知能力を使えば，たったひとつの言葉で，過剰に警戒し過敏になっている扁桃体を落ち着かせることができます。その言葉とは，今自分が体験している感情の名称です。この方法は，怒りの感情に対して鎮静効果をもちえます。どう作用するのか見てみましょう。

　自分の感情，すなわち情動に名前をつけると，そのラベルが脳内の理性的な領域で発生し，扁桃体に徐々に伝わって怒りの強度を和らげます (Lieberman et al. 2007; Young et al. 2019)。カウンセラーや心理療法士はしばしば，クライエントが自分の感情を認めて，名前をつけるよう勇気づけます。これは，《情動ラベリング》とも呼ばれています。あなたも，自分自身を励まして同じことをしましょう。

　次の1週間，あなたはおそらく何度か怒りを体験することでしょう。そのときは，情動ラベリングの実験をする好機だと考えてください。さあ，「怒り」とはっきり名前をつけることで，扁桃体に生じる鎮静効果を見つけられるでしょうか？

　以下の例は，この実験のやり方を示しています。表の左欄は感情が活性化する状況で，中央の欄は情動のラベル，右欄はその感情の名前を言ったあとの情動の強度です。この実験では，怒りを感じたときに，「怒り」という単語か，怒りに関連するその他の言葉で，自分の感

情をもっともよく説明するもの——たとえば，「イライラする」「うっとうしい」「がっかりだ」など——を使います。

状況	情動のラベル	情動の強度
運転中，車に割り込まれた。	怒り	弱まった
見当違いの報告書を出された。	失望	弱まった
裏切られた（同僚が私のアイデアを横取りした）。	怒り	変化なし

　次は，あなたが情動ラベリングを試してみる番です。自分のペースで気軽に進めてください。腹の立つ状況が発生したら，その状況，自分がどう感じているかを表す言葉，その情動の強度を書き留めましょう。感情のトーンが変わるかどうかをチェックし，もし変わっていたら，どの方向に変わったかを調べます。

状況	情動のラベル	情動の強度

　自分の感情に名前をつけるというやり方には鎮静効果があったでしょうか？　もしあったなら，あなたは怒りに関する新たなツール——シンプルで使い勝手のよいセルフヘルプツール——を手に入れたことになります。結果がまちまちなら，この方法がどういうケースで効果があり，どういうケースで効果がなく，どういうケースで《効果がありそう》なのかがわかったということです。これは，失敗のない方法の長所です。得られるフィードバックからいろいろな情報が手に入ります。

思考を数えるテクニック

　怒りがこみ上げてきたとき，10まで数える，近所をひと回りしてくる，肯定的な考えが否定的な考えと闘っているところを想像する，攻撃的な思考を数える，などの方法を取ることができます。これらの方法はいずれも，時間を稼ぐことによって，攻撃的な思考や衝動に従って行動するリスクを低下させます。ここでは，思考を数える方法を紹介します。

　非攻撃的な思考と攻撃的な思考の数を数えることによって，自分がどういうことを考えていて，おおよそどれくらい頻繁にそれらを考えているのかに気づくことができます。しかし，それだけではありません。人間のプロセスは，通常，測定することで変化します。それを観察しつづけることになるからです。その変化は肯定的なものになる可能性があります。もしそうなら，予め決めておいた時刻に非攻撃的な思考と攻撃的な思考の数を数えることは，非攻撃的な思考の増大と，攻撃的な思考の減少に役立ちます（Kostewicz, Kubina, and Cooper 2000）。攻撃的な思考に気づいて，それらの数を数えれば，その強度を下げることができるかもしれません。

　数え方は，自分に合うものなら何を使っても構いません。各思考を「正」の字を書いて数えても，手にもって使う数取器「タリーカウンター」で数えてもいいでしょう。タリーカウンターには，あなたが数えたいと思っている思考や行動に関する情報収集のためのボタンや他の機能が装備されています。対象とする思考が生じたら，ひとつにつき1回カウントします。

　非攻撃的な思考の例を挙げましょう。不必要な対立を避けようとする，攻撃的に対応する前によく考えるよう他者を手助けする，自分の感じ方について責任を自覚している，ささいなことで大騒ぎするのは時間の無駄だとわかっているときに問題を避けようとするなどの思考がそれに当たります。攻撃的な思考の例も挙げておきましょう。《おまえを苦しめてやる》，《おまえなんか，死んじまえ》，《おまえをつぶしてやる》，《おまえを痛い目に遭わせてやる》といった思考がそれに当たります。こうした考えを実際に行動に移さない場合でも，敵意に満ちた攻撃的な考えをもつと，心が乱れるのを感じるものです。

実験の進め方

　4日間使って，決まった時刻に抱いていた攻撃的な思考と非攻撃的な思考の記録をふたつずつ，作成します。記録には，毎回1分かけましょう。その時刻に攻撃的な思考が浮かんでいなかった場合は，数字のゼロを記入しておきます（自分の経験に応じて，記録する時間の間隔は増減できます）。以下で提案しているのは，午前9時，午後1時，午後4時，午後8時です。

　記録時刻以外の時間に同じ攻撃的な思考もしくは非攻撃的な思考が複数回浮かんできた場合は，その考えを一度書き留め，浮かんでくるたびにその回数を数えます。反復する思考は，そうでない他の思考よりも重要かもしれません。

　以下の表を使って，あなたの非攻撃的な思考と攻撃的な思考を記録しましょう（この表のコ

ピーは，次項の「特別な思考の記録」の表と同じく，http://www.newharbinger.com/44321 でダウンロードできます）。

非攻撃的な思考の実例	非攻撃的な思考の数
1日目 9:00 1:00 4:00 8:00	
攻撃的な思考の実例	攻撃的な思考の数
2日目 9:00 1:00 4:00 8:00	
非攻撃的な思考の実例	非攻撃的な思考の数
3日目 9:00 1:00 4:00 8:00	
攻撃的な思考の実例	攻撃的な思考の数
4日目 9:00 1:00 4:00 8:00	

　非攻撃的な思考の記録中，攻撃的な思考が浮かんできた場合——および，その逆の場合——は，その数を数え，次項の「特別な思考の記録」に内容を記録しておきます。攻撃的な思考は必ずしも時間割どおりには進みません。重要なのは，自分が何を考えているかを知ることであり，自分の非攻撃的な思考と攻撃的な思考とがどのくらいの頻度で繰り返されるかについて，おおよそのところを把握することです。

特別な思考の記録	
非攻撃的な思考	攻撃的な思考

　思考を数える実験からどのようなことがわかりましたか？　ここでわかったことを自己改善にどう活用できますか？　以下は，結果の例です。

思考を数える実験から得た学び
《わかったこと》
怒ると，私の考えは攻撃的になる。
非攻撃的な思考について考えれば考えるほど，非攻撃的な思考が浮かんでくる。
非攻撃的な思考を数えていると，怒りの思考が減ってくる。
《こうしてわかったことをどう活用できるだろう？》
非攻撃的な思考は怒りから発展しうるもので，肯定的な行動を支える可能性があることに気づく。
自分の思考の焦点を，危害を加えることから，好ましい結果をもたらすための行動方針を決めることに絞り直す。
攻撃的な思考が浮かんでいるときでも，それを行動に移さないでいられる自分を嬉しく思う。

さあ，今度はあなたが，思考を数える実験からわかったことを書き留める番です。以下の空欄に記録しましょう。

思考を数える実験から得た学び
《わかったこと》
《こうしてわかったことをどう活用できるだろう？》

　当座の解決方法は，小さな炎がさらに大きなものを燃え上がらせる前に，その火種を消すのに役立ちます。あなたは既になんらかの問題をしっかり自覚し，その対応に関する解決方法を決めています。これは大きな前進です。

経験の見地から解決する

　《経験の見地》から解決する場合は，科学者のように思考し，物事をテストします。科学者なら，ある要因を変えて，結果に違いが出るかどうかを調べるでしょう。経験に基づいた方法というのは，そういうものです。

　たとえば，隣人が夜の10時を過ぎても大音量で音楽を演奏していて，テレビの音が聞きづらいとしましょう。あなたは怒りがこみ上げてくるのを感じます。問題は，「なぜ」怒りが生まれるかということです。答えは明白です。怒りの原因は音楽，もしくは，いまいましい隣人にあるでしょう——確かに，その見方には一理あります。騒音がなければ，腹を立てたりしたでしょうか？　しかし，科学的な考え方をする人の目で見ると，これはそれだけで終わる状況ではありません。

　科学的に考えると決めたら，まず，以下の3つを自問します。

　　1．この状況について，私は自分自身にどんなことを言っているのだろう？
　　2．自分の感情について，私は自分自身にどんなことを言っているのだろう？
　　3．自分はどんな行動を取りたいと「感じている」のだろう？

　次の表では，隣人のうるさい音楽を例として，経験の見地から行なうこの方法がどのように展開するかを見ていきます。左欄は寄生性の怒りからのアプローチ，中央の欄はコーピング・アプローチ，右欄は見込まれる結果です。

寄生性の怒りからのアプローチ	代わりのコーピング・アプローチ	コーピング・アプローチによって見込まれる結果
私は自分に何を言っている？《こんなにうるさくするべきではない》。	物事のあり方は，自分がこうあるべきだと思っていることと同じではないという点を受け入れよう。この場合，受容は黙従という意味ではない。もっと正確に言えば，それは事実の承認である。その出来事が自分の人生における重要性という点で，どの辺りにランクづけされるかを自問しよう。この場合，聞こえてくる音楽は自分の人生における大きな問題ではない。それは蚊に刺されたようなものだ。にもかかわらず，これはやはり不快である。が，火炎に包まれてこの世が終わるというほどではない。	やかましい音楽はうっとうしく感じるが，こっちも音楽を大音量でかけて隣人に仕返しをしたいという強い衝動は，もう生じない。
自分の感情について，私は自分に何を言っている？《我慢できない》。	自分が好まないものをなぜ我慢できないのかを自問しよう。実のところ，自分は自分が好まないものをいろいろ我慢している。しかし，ある状況を我慢ならないものと定義することで，それは，考えているとおりのものになる。	イヤだなと思う環境の変化があったにもかかわらず，ストレス・レベルは通常レベルにまで低下する。もうその変化を，我慢ならないものと定義していない。
どんな行動を取りたいと思っている？《スピーカーを隣人の家の方に向けて，もっとやかましい音楽をかけてやろう》。	隣人に話をして，音量を下げてもらえないか，冷静に頼む。	隣人は市外に出かけていて，10代の息子が音楽を大音量でかけていたことがわかる。息子は音楽を消す。

　今度はあなたがやってみる番です。あなた自身の寄生性の怒りの経緯を説明してください。そして，コーピング・アプローチをテストし，結果を記録しましょう。

寄生性の怒りからのアプローチ	代わりのコーピング・アプローチ	コーピング・アプローチによって見込まれる結果

　問題にスポットライトを当てることで，それまでとは異なる光のもとでそれを見るのかもしれません。

核心的問題の見地から解決する

　《核心的問題の見地》から解決する場合は，自分の寄生性の怒りの裏側にあるものを探っていきます。以下は，8つの核心的問題を解決する方法の例です。

　　核心的問題1：たいていの人より，腹を立てる傾向が強い。
　　核心的問題の見地からの解決方法：その傾向に対してマインドフルになり，これまでより頻繁に一歩下がってよく考え，不要な怒りの危機を回避する。

　　核心的問題2：怒って相手を怖がらせているときには，自分は強いと思い込み，そうでないときには自分は弱いと思い込んでいるため，ことさら自分の荒っぽさを示そうとする。
　　核心的問題の見地からの解決方法：どうすれば辛抱することを通して心の強さを育てられるかを探る。

　　核心的問題3：不機嫌なときや落ち込んでいるとき，むかっ腹を立てやすい。
　　核心的問題の見地からの解決方法：その怒りの合図を利用して，抑うつ状態の克服に取り組む。

　　核心的問題4：自らの問題を人のせいにする家庭やコミュニティで育ち，自分もしばしば同じようにしていることに気づく。
　　核心的問題の見地からの解決方法：家族のその慣習を捨て，新たに肯定的なやり方を設定するための手立てを見つける。

　　核心的問題5：誰も信用できないというような悲観的な信念があるため，ついその信念を証明する証拠を探してしまう。
　　核心的問題の見地からの解決方法：1件1件慎重に，自分にはどんな情報が必要なのかを見きわめ，自分がそのように疑うことで誰が利益を得るのか，誰を信用しないことが賢明なのかを判断する。

　　核心的問題6：何であれ，自分がほしいと思うものはほしいと思っていいというような権利意識があり，成功することにこそ価値があるという考えがどうやら根底にあるようで，思いどおりにならないと怒って仕返しをする。
　　核心的問題の見地からの解決方法：全か無かという思考ではない考え方を学び，もっと幸せで健全な観点の形成に役立てる。

核心的問題7：自分に挑んでくる者はいないと信じていて，自分の考えが重要であることを熱心に強調しすぎる。

核心的問題の見地からの解決方法：たとえ誤っていても，他者には他者の考えがあるという事実を受け入れることで，自分の人生に柔軟性をもたせる。

核心的問題8：緊張に対する耐性が低い（すぐカッとなる）。

核心的問題の見地からの解決方法：緊張に対する耐性を高める方法を身につける。

　注意を向けるべき最優先の核心的問題を3つ書き出し，試しにそれに対する解決法を書いておきましょう。

核心的問題	解決法
1.	
2.	
3.	

消しゴムを手元に用意しておいてください。新しい情報が出てきたら，この優先順位リストは変更されるかもしれません。

進歩の記録
プログレス・ログ

　本書は，内容が広範囲に及んでいます。写真のように正確な記憶力がなければ，忘れる内容も多いことでしょう。記録の作成は，重要な考えの経緯を追い，あとでそれらにアクセスする直接的な方法を用意するための確かなツールです。各章末にプログレス・ログが用意してあるので，役立つと思ったことやその情報をどう活用したかを記録しておきましょう。

　プログレス・ログは5つのセクションに分かれています。鍵となる考え，行動計画，実行，結果，修正点の5つです。

鍵となる考え：本章でもっとも役立つと感じた考えを 3 つ，記録しておきましょう。

1.

2.

3.

行動計画：怒りすぎを克服していくためにたどろうと思ったステップを 3 つ，記録しておきましょう。

1.

2.

3.

実行：その 3 ステップを実行するためにしようと思っていること（プロセス）を記録しておきましょう。

1.

2.

3.

結果：これらのステップを踏むことで，身につけたいと思っていること──もしくは，強化してきたこと──を記録しておきましょう。

1.

2.

3.

修正点：プロセスの中で変更したい点がある場合，次回は別の方法で行なおうと思っていることを記録しておきましょう。

1.

2.

3.

私はこれまで30年以上にわたり，さまざまな考えを（不本意ながらも，あるいは，素直に受け入れ，あるいは，熱中して）積極的に取り入れようとした人の方が，より早く改善しはじめる可能性がかなり高いことを発見してきました。また，ひとりとして同じ考えを重視する人がいなかったことにも気づいています。人はそれぞれ，皆，違っているものではないでしょうか。イチゴのアイスクリームが好きな人もいれば，チョコレートが好きな人，クッキーやパイの方が好きな人もいますよね。

第 2 章

怒りと闘う
６つの方法

実験者になったつもりで，これから寄生性の怒りと闘うための6つの方法を見ていきましょう。本章では，以下の事柄を取り上げています。

- 有害なアンガー・サイクルを克服する方法。
- 叫んだり物を投げたりすることにはカタルシス効果があるが，そうした行動によって怒りから緊張を取り除くと，かえって怒りを感じる傾向が高まるのはなぜか。
- 寄生性の非難から行きすぎた部分を取り除き，非難の罠にはまるのを回避する方法。
- 「基本的な帰属錯誤」と呼ばれるものを回避する方法。
- 結論に飛びつくのを避け，物事を正確に読み取り，不要な怒りを減らすために，状況（または人）を別の角度から評価することの重要性。
- 受容の哲学を身につけることは，嫌悪する状況に対する忍耐力を高め，自分自身の指揮を取り，相応の対応力を磨くのにどう役立つのか。
- 「賢明な自己利益 enlightened self-interest」を追求すると，不要な怒りにまつわるエピソードが減るのはなぜか。

怒りと闘う6つの戦略を学ぶ前に，有害なアンガー・サイクルとは何かを理解しておくことが重要です。

有害なアンガー・サイクルに気づく

　寄生性の信念を減らしたり取り除いたりするには，まず，思考の罠に気づかなくてはなりません。寄生性の怒りは不快な出来事をきっかけに生じる循環プロセスで，否定的で筋の通らない信念の影響を受け，感情喚起や攻撃などの行動反応を発生させる力をもっています（下記の認知行動的アンガー・サイクル参照）。

　自分自身の管理を引き受け，このプロセスを変化させて循環を断ち切るには，そうできるように自分の理性を導くことが必要です。本章で学ぶ戦略は，その手助けをします。

怒りと闘う方法

　以下に紹介する6つの方法のうち，自分にもっとも効果的に働くものをひとつ選び，時間とエネルギーを注ぎましょう。

カタルシスから自由になる

　1976年製作の名画『ネットワーク』の中で，ニュースキャスターのハワード・ビールは《怒れる者》として，怒りをぶちまけます。「何も私がみなさんに，状況のひどさをお伝えする必要などありません……いかれた連中は街中で暴れ回っていますし……こんな大気を吸い込んだら体に悪いことや，昨今の食べ物が食べるのにふさわしくないことなど，誰もが知っています」と，文句を言い終えると，ビールは視聴者に向かって言います。「窓から顔を突

き出して，叫ぶんです！　『私は猛烈に怒っているんだ，もうこんなもの，食べるもんか！』って」　ビールの解決方法はカタルシスによる消散です。

　カタルシスは，ごく一般的な怒りの解決方法です。怒りの緊張を取り除くために，枕をバンバン叩く，ドアをバンッと閉める，皿を投げる，金切り声を上げる，がなり立てる，わめき散らすといったことをします。これらは，不要な怒りを解決するのに有効な方法でしょうか？　常道を外れた治療法の中には，絶叫を——実はたくさん——採り入れているものもあります。精神科医ダニエル・カスリエル（Casriel 1974）は『A Scream Away from Happiness（幸せに手が届かないときの絶叫）』を著し，大声で叫んで緊張を解く方法を創始しました。この方法には，有意なエビデンスは皆無です。

　カリフォルニアの精神科医アーサー・ヤノフ（Janov 1975）の原初絶叫療法は，経験的支持を欠く擬似科学的治療法ですが，一部の人々にとっては短期的なプラシーボ効果があるのかもしれません。ヤノフの信念の中には，たとえば，最初の痛みは誕生以前，もしくは，誕生時に始まっている可能性があるとか，その体験について絶叫することには治療効果がありうるなど，型破りで異論の多いものもあります。ヤノフは原初絶叫療法の効果を説明していますが，それは実証されないまま，現実的でない精神世界に広まっています。

　たいていの人は——普段は穏やかな気質の人でも——ときには怒りをぶちまけます。これは，致命的なものであることはほとんどありません。しかし，怒りをぶちまけるという行為は，「悲しいなぁ」とか「そんなふうに否定的な態度に出られたら腹立たしい気持ちになる」などと言って気持ちを表出する行為とは異なります。感情的な表現は，だいたいは健全です。対照的に，物を蹴飛ばしたり絶叫したりして緊張を解くかんしゃくというものは，「カタルシス」という言葉でもったいつけることもできます。残念ながら，怒りのカタルシスは通常，利益より長期の害をもたらします（Bushman 2002）。解放されるどころか，苛立ちが募り，それが長引いて悪化するかもしれません。カタルシスが怒りに対して役立つことはめったにありません。ただ，絶叫したり壁を叩いたりするのは，ペットを蹴飛ばしたり，子どもをぶったり，取っ組み合いをしたりするよりはましです。

　怒りの緊張を解くには，エクササイズなど，別の方法を試しましょう。ほんの 30 分のエクササイズでも，その後数時間は，酸素量の増えた血液が脳にまで行き渡ります。解決したいと思う事柄について，より明晰に思考できるようになるでしょう。

　怒りを引き起こした状況が異なれば，怒りが引き起こした緊張を解く方法も異なります。力強い主張が穏当なこともあれば，行動を起こす前に話を聞くことで納得できることもあります。環境の変えられる部分を変えたり，有害な状況から自らを遠ざけたりするのも，有効なことがあります。そして，ときには，怒りを誘発する寄生性の信念を取り除くために，応じ方について指導を受けるのがベストなこともあるでしょう。ここでは，妥協点を見つけるのではなく，機能不全になっている寄生性の信念をつぶす方法を見つけようと思っています。

非難の罠から逃れる

　私たちは，怒りの時代に巣くう非難の文化の中で暮らしています。非難と怒りは，まるで空気のように至るところにあります。人に自らの行動の責任を負わせるのは，社会的機能として作用しうるからですが，過剰な非難，非難の拡張，非難の免除は，概して問題を含んでいます（Knaus 2000）。以下は，寄生性の怒りパターンによく見られる非難の3大要因です。

- **過剰に非難する**：あら探し，ささいなことへのこだわり，不平なども，これに含まれる。欠点探知メガネをかけて相手の欠点や間違いを特定し，自分がその相手を非難するのは正当だとみなし，自分を不快にさせたその相手の行為に対して腹を立てる。
- **非難を拡張する**：自分自身や他者，あるいは人生をおとしめたり，けなしたり，ののしったりするとき，非難は拡張されている。こうした非難の拡張には，攻撃対象の相手をバカ呼ばわりしたり，イヤなやつ，あばずれ，気味の悪いやつなどと呼んだりして，その人物の人間性や個性を否定することも含まれる。他者をおとしめるとき，当人は自分の方が優位であり，自分には相手を傷つける権利があると思い込んでいる。非難の拡張は，怒りを生む大きな力である。
- **非難を免れる**：これは，非難に対して守りに入るということである。たいていの人は，よい評判や周囲からの肯定的なイメージを維持したいと思うものである。非難は，自分に対する世間の評価に影響を与える（ten Brinke, Vohs, and Carney 2016）ため，正当化したり，否定したり，話を歪めたりして，自分を守ろうと躍起になる。

　以下は，非難の拡張の典型例です。ネヴァダ州の最高裁は，少年審判担当判事ディーコン・ジョーンズを，脅迫的で行きすぎた言葉遣いをするなど，不適切な行動があったとして解任しました。ことの次第は，簡単に言うと，以下のとおりです。

　ディーコン・ジョーンズはもうひとりの判事ジェイン・プロチャスカとつまらない口論をしました。問題が勃発したのは，ジョーンズがプロチャスカの職務怠慢を責めたときです。ジョーンズは自分の職務とはおそらく無関係のささいな何事かを，比喩的に言えば連邦裁判所管轄事件並に，すなわち，きわめて大袈裟に騒ぎ立てました。裁判所の記録には，「ジョーンズは，プロチャスカの車の排気管にダイナマイトを仕掛け，彼女の首から下を砂に埋め，彼女の頭にハチミツをたらして，そこにアリを放してやる，などと口にした」とあります（Gray 2002, 126）。ジョーンズは，プロチャスカを「この○○ばばあ」（卑語省略）と呼んで，自分の行動を正当化しました。思うに，ジョーンズはプロチャスカの性格特性を恣意的に思い描いていたせいで，頭にあった非道な行為を正当だと考えたのでしょう。しかし，最高裁の裁判官には別の見解があり，ジョーンズは職を失いました。

基本的な帰属錯誤を回避する

　寄生性の怒りには，寄生性の不安や抑うつ状態などと同様，《認知的サイン cognitive signature》と呼ばれる特有の思考パターンがあります。認知的サインとは，怒りや不安，抑うつ状態などに伴う予測可能な考えのことです。たとえば，抑うつ状態の認知的サインは，無力感と絶望感です。不安の認知的サインには，脅威の予感と対処する力の欠如があります。寄生性の怒りの認知的サインはさまざまで，《私が望んでいるものをくれないなら，思い知らせてやる》，《私は当然ながら自分のやりたいようにやる。そうさせてもらえないなら，厄介なことになるぞ》，《おまえが憎い。だから破滅させてやる》というような敵対的な思考が含まれています。

　寄生性の認知的サインは，繰り返し否定的な結果を引き起こします。したがって，そうした認知的サインが発生したら，それらを変えない手はありません。例をひとつ，考えてみましょう。

　たとえば，ジルはジャックに対して，彼の友人たちの前で彼をからかうなど，ひどいことをします。あなたはこのことについて，どう思いますか？　もしあなたが，ジルはいやな女だと思うなら，それはあなたによる《帰属》〔訳注：個人の内的特性を原因として重視する傾向〕です。ジャックがジルを「いやな女」呼ばわりしたら，あなたはそのことでジャックを非難しますか？　ジャックが以前，ジルの友人たちの目前でジルのヘアスタイルをこき下ろしたことを知ったとしたら，どうでしょう？　あなたはジャックのことを偽善者だと思うでしょうか？　ジルの反応はフェアな「仕返し」だと思うでしょうか？

　「いやな女」と「偽善者」は，《基本的な帰属錯誤》を代表する「性格特性の一般化」です。基本的な帰属錯誤を犯すのは，評する側が早合点し，相手の性格特性に関する自分の判断に基づいて，その相手をやたらに非難するときです。そうなると，相手の行なった選択にはとにかくすぐ反対するということにもなりかねません。以下は，よくある基本的な帰属錯誤です。

- 子どもがあるおもちゃを独り占めしている。この状況から，その子を《わがままな腕白》だとみなす。
- ある銀行員が金を数え間違え，そのミスが銀行に有利に働いた場合，人は銀行員というものを実質的な《銀行強盗》だと考える。
- 誰かがレストランであまりに大きな声で話していると，その人のことを《礼儀を心得ぬ鈍いやつ》だと考える。

　一度自分の中で相手をおとしめると，懲罰を正当化できるようになります。しかし，状況を180度転換してみましょう。仮に大声で話していたのが自分だったり，人に何かをしないよう言ったあとに自分がそれをしてしまったり，自分が数え間違えたりした場合はどうでし

ょう？　もし自分が数え間違いをしたら，それは状況によるものだと考えそうです。おそらく，誰かのせいで気が散ったか，情報不足だったり，ストレスがかかりすぎて頭がちゃんと働かなかったりしたのでしょう。自分が完璧じゃないってことぐらい，みんなわかってくれなきゃ，と思うかもしれません。自分が非難されないようにして，先に進むのではないでしょうか。

　怒りに関する帰属錯誤には，通常，性格特性の一般化や非難の拡張，懲罰の正当化などが含まれています。物事を180度転換すると，ある状況における相手の欠点や過失に共感できるようになり，非難を拡張する習慣の打破に役立てられるかもしれません。共感，すなわち，他者の状況が理解できると思う気持ち（他者の立場になって考えること）は，非難を拡張する思考とは両立しません。

　以下は，非難の拡張を含む怒りの帰属が，あなたが「評する側」になっている状況と「行為者」になっている状況とで，どう見えるかを示す例です。

- **評する側の場合**：あなたは空港に急いでいて追い越し車線に入ったが，前には制限速度で走っている車がいる。スピードを落とす。その車より前に出ることはできない。《こいつ，自己中の大ばかだ。そうやって，どの車のスピードも落とそうとしているんだ》と思う。ボンネットに20mm機関砲を搭載していたらよかった。《そうすれば，このろくでなしをなんとかできるのに》とも思う。あなたが自分の感じ方に何か疑問を感じたとしたら，非難を拡張するこの考え方は，寄生性の怒りを生む考え方である。
- **行為者の場合**：追い越し車線を制限速度で走りながら，あなたは入院中の友人のことを考えている。速度計は見ていなかったため，少しゆっくり走りすぎていた。後続車のドライバーがクラクションを鳴らして，中指を立てはじめていた。あなたは，「あのドライバー，こっちの状況なんて考えてくれそうにないな。それどころか，わざと車の流れを減速させていると思っているだろうな」と思うかもしれない。

　以下は，上記ふたつの考え方の比較です。

非難を拡張する考え方	個人的事情による考え方
あの行為は意図的だと考える（したがって，非難してしかるべきであり，とがめられて当然だと考える）。	問題は状況によるものだと考える（したがって，わかってもらえることであり，許されることだと考える）。
その行為は当人の性格特性もしくは気質を反映したものだと考える（したがって，非難してしかるべきであり，とがめられて当然だと考える）。	自分の行為は，そうなった事情で説明できることであり，したがって，わかってもらえることであり，許されることだと考える。

　次に他人の行動によって腹が立ったとき，上記の比較エクササイズをやってみましょう。相

手の行動に関して自分がやりそうな性格特性の一般化と，自分が同様の状況で他者からどう見られたいと思うかを比較してみてください。

非難を拡張する考え方	個人的事情による考え方

　実験からわかったことで，将来の再評価の土台として活用できそうだと思ったことはなんですか？　記録として，以下に書いておきましょう。

状況を再評価する

　混雑した街の歩道を歩いていたあなたは，すれ違いざまに誰かがぶつかってくるのを感じました。これはわざとだなと思い，怒りがこみ上げてきます。このように結論に飛びつく状況は，《認知的再評価》を行なうよい機会です。認知的再評価は，状況を見直して，その意味を修正しうるかどうか，行きすぎた評価を正せるかどうかをチェックするためのテクニックです。根底にある考え方は，でっち上げた何かを信じて自分をごまかすのではなく，その時点で可能な限り現実的に，公正な目で状況を見るということです。

この方法は，寄生性の怒りが生じた状況で役立ちます。誰かがぶつかってきたという先ほどの例を使いましょう。あなたはその出来事を評価しました。内心，穏やかではありません。しかし幸運にも，再評価が怒りの感情を結果的に軽減し（Takebe, Takahashi, and Sato 2017），反応している扁桃体を落ち着かせ（Buhle et al. 2014），距離を置くテクニックとして付加利益を生み出しうること（Picó-Pérez et al. 2019）を，あなたは学んでいました。そこで，認知的再評価をちょっと試してみることにしました。まず，《どのようにしたらこの状況を別の観点から眺められるだろうか？》と自問します。そうして得られた再評価は，「あの人は周囲を注意していなかった」です。新たなこの見方は，妥当だと思われます。

　再評価のスキルを身につけるときには，まず《ガイドつき再評価》を利用するといいでしょう。以下の例の左欄は，何を自問し，どういう場合に自問するかについてです。中央欄は，その状況を別角度から見る方法です。右欄は，再評価戦略によって得られた結果の説明です。

再評価戦略	再評価戦略の質問	結果
《私の値段はどれくらいだろう？》 緊張に耐えられないと思う状況に陥ったら，上記を自問する。	もしストレスが軽くなるまでその苦しさに耐え，耐えた1分ごとに1万ドル払ってもらえるとしたら，私はいくら稼げるだろう？	緊張を感じるのは，やはり好きではないが，緊張自体はさっきよりずっと我慢できそうだ。
《もし相手が，大好きないとこだったとしたら，どうだろう？》 昼食どき，知り合いを待たなくてはならなくなり，腹が立ってきたときのことを考える。その知り合いが自分の大好きないとこだと思ってみよう。	もし相手が，うっかりしたところはあるけれど大好きないとこだったら，違う考え方をするだろうか？ 現在の状況に対するこの分析とその適用から何が得られるだろう？私はもっと寛大になるだろうか？	知り合いは，約束を忘れたのかもしれない。遅刻して，携帯電話が手元にないのかもしれない。ひょっとしたら事故に巻き込まれたのか？ こういう状況はやはり好きではないが，気持ちはさっきより落ち着いている。
《私が怒っている真意はなんだろう？》 怒りが手に負えない状況に陥ったら，この戦略を試す。	この怒りを少しでも鎮めるために，私は自分にどんな言葉を掛けられるだろう？ 注：この実験は思考のモニタリングに関するものであり，寄生性の怒りにある理不尽な要因の除去については，第3章でさらに学ぶ。	《重要度測定スケール》で今回のことを測定しはじめる（このスケールの「1」は肩をすくめる程度，「10」はきわめて重要）。そして，自問する。《今回のことはこのスケールのどの辺りに相当するだろう？》 状況は「3」だった。まるで「10+」のように振る舞うのはやめた。
《どのようにしたらこれを他者の観点から眺められるだろう？》 度を越しそうなので，もう一度全体像を把握した方がいいと思えるようなとき，この戦略を試す。	私の利益を代表する賢明な友人がその場にいたとしたら，その友人は別の観点から状況をどう見て，どう対処するだろう？	その友人なら，正当なレベルで，率直かつ誠実に問題に取り組むだろう。

再評価戦略	再評価戦略の質問	結果
《別のカメラ・アングルから捉えた私の考えは，どういうものだろう？》 対立のある状況で怒りの思考が加速してきている場合に，この戦略を試す。	状況は，別の角度から見ると違って見える可能性がある。自分が今，異なるカメラ・アングルから同一の場を映し出す複数のコンピュータ・スクリーンのある部屋にいると想像してみよう。各アングルから新しい情報を手に入れるのである。切り口は5つある。①相手はどんなことを考えそうか？　②何をすることになら，同意できるか？　③何についてなら，交渉できそうか？④一歩も譲るべきでないのはどの部分か？　⑤もしこの問題を放っておき，あとでまた戻ったら，最悪の場合どんなことが起きうるか？	ある状況に関して，これまでとは別の観点を得ることによって，よりよい意思決定をするための選択肢を増やすことができる。
《時間的距離と空間的距離を取ることで，何が変わるだろう？》 ストレスのかかる状況に近づきすぎて，客観性を失いそうになっている状況で，この戦略を試す。	ストレスのかかる出来事から1,000マイル離れた場所で，先週の新聞に載ったその出来事の記事を読んでいる自分自身を想像できるだろうか？　もし記事の各センテンスに客観的な意見と事実が含まれていたとしたら，今から200年後にそれを読んだ読者は，その出来事についてどう言うだろうか？　過剰な否定性から距離を取る状態を創ると，おそらくそれまでより明晰に考えられるようになる。	その状況を正確に語ることができるようになり，心を乱したののしり言葉や印象，信念を削除できることに気づいた。 その状況では，自分が感じている怒りや落ち込みは正当化できそうにないという結論に達した。200年先，その状況は，実際には起きなかったことになっているだろう。自分自身の指揮を取っていることを実感し，そう感じるのがとてつもなくよい気分だった。

　認知的再評価と距離を取る方法とを使うことによって，寄生性の怒りを減らし，将来の展望を改善することができます。しかし，文脈も重要です。仕事になぞらえて考えるといいでしょう。仕事をこなす能力の向上を避けていては，認知的再評価は単独の介入となり，不十分です。仕事の業績を上げてこそ，仕事の評価も上がるはずです（Troy, Shallcross, and Mauss 2013）。

　これまで学んできたことを，あなた自身の認知的再評価の実験に適用しましょう。

あなたが行なう「認知的再評価」の実験

　最初の評価で怒りが引き起こされていない場合は，再評価の必要はありません。

　再評価の方法をいろいろ試すことで，自分にとってどの方法が他の方法よりも効果的に働

くかを見つけられるでしょう。再評価によってわかったことを活かせば，最初からもっと効果的に評価を下せるようにもなりえます。

再評価戦略	再評価戦略の質問	結果
《私の値段はどれくらいだろう?》		
《もし相手が, 大好きないとこだったとしたら, どうだろう?》		
《私が怒っている真意はなんだろう?》		
《どのようにしたらこれを他者の観点から眺められるだろう?》		

再評価戦略	再評価戦略の質問	結果
《別のカメラ・アングルから捉えた私の考えは，どういうものだろう？》		
《時間的距離と空間的距離を取ることで，何が変わるだろう？》		

　再評価のスキルを培うことによって，寄生性の怒りを生む評価に代えて，最初からもっと正確な評価を下す方法を学ぶことにもなります。再評価は付加利益も生み出しえます。たとえば，心身の長期的健康の可能性を高める（Zaehringer et al. 2018），コントロール不能感覚に伴う緊張を軽減する（King and dela Rosa 2019），コントロール不能なストレスの舵取りをしながら，メンタル・ヘルスへの破壊的結果を回避していく（Troy and Mauss 2011），再評価スキルを培っていく中で得た有効性を維持する（Denny and Ochsner 2014），などです。

　以下の「最高の助言」からは，認知的再評価の重要な新活用法が手に入るでしょう。お察しのとおり，この助言は，本章冒頭で論じたアンガー・サイクルを断ち切るためのものです。

最高の助言：一歩下がり，自分の怒りから離れる

　ステファン・G・ホフマンはボストン大学心理学・脳科学部の心理学教授です〔訳注：2023年時点ではドイツへ帰国〕。認知行動療法（CBT）の専門家であり，『Anxiety Skills Workbook（不安に対処するスキルを磨くワークブック）』（Hofmann 2000）の著者でもあるホフマンが，怒りから離れるための最高の助言を語っています。

怒りは人間の正常な感情であり，苛立ったときや，自分の個人的領域もしくは個人的規範を侵害されたときに発生することがあります。怒りの焦点は，自分自身を含めた人間やなんらかの物に絞られることもあり，それはごく一般的な体験とも言えます。また，怒りは，さまざまな生理学的覚醒レベルで体験しうるものでもあります。

怒りにもいろいろあり，短期間の激しい怒りもあれば，いつまでも続くしつこい恨みもあります。激しい怒りはしばしば突然こみ上げてきて，抑えられないという自覚と結びついています。怒りのタイプとは関係なく，常にあるのが以下の３つです。

①その怒りの引き金となった刺激
②その刺激に個人的な意味をもたせることになる認知的評価
③感情的反応が生じる時間的経過

一度このサイクルを理解すれば，パターンを壊すにはどこに介入すればいいかがわかります。以下はその介入方法です。

1．《刺激に対して直ちに生じた反応から一歩下がる》。その刺激は，自分にとって，それほど重要だろうか？　それは，最初に思ったほど，自分自身に関わりのあることだろうか？

2．《その状況に関して直ちに下した評価から一歩下がる》。自分が即断したその状況評価が間違っている可能性はないだろうか？　自分の領域や自分の規範を侵害されたと思ったが，相手は故意にそうしたのではないという可能性はないだろうか？　相手の行動を説明できたり，ひょっとしたら正当化すらできたりする要因はないだろうか？

3．《自分の感情的反応から一歩下がる》。自分と自分の感情は別のものである。自分は自分の感情の操り人形ではない。自分自身と自分の感情を観察することによって，自分の感情から距離を置こう。誰であれ，自分に対して，自らの感情に反応するよう強要することはできない。自分には，感情の喚起はコントロールできないかもしれないが，態度，すなわち，自分の言うことやすることなら，しっかりコントロールすることができる。自分の行動の結果を考えることが重要だ。

受容の3特性を試してみる

　あなたは，誰もが自分に対して公正に接してくれることを願い，それを期待しているかもしれません。また，自分は完璧な判断のもとに行動したいと思っているかもしれません。では，その思惑とは逆の事態が生じたとき，あなたはそれをどう解釈するでしょうか？　ディーコン・ジョーンズ〔訳注：有名なアメリカンフットボールプレイヤー〕のファンクラブに入会して，残虐行為を心に思い浮かべ，実行には移さないにせよ，仕返しするところを夢想するかもしれません。そのような方向に進みたくなったとき，別のやり方を試してみることは可能でしょうか？

　心理学者アルバート・エリスが提唱する受容の3特性は，非難を拡張する思考と寄生性の怒りから成る刺々しい世界に代わるものです。3つの受容とは，自分自身と他者と人生を無条件に受け入れることです。

　無条件の受容はひとつの人生観であり，したがって，ひとつの選択肢でもあります。受容は時間もかかり，練習も必要なので，簡単な選択肢ではありません。受容の中核的原則は，《物事はあるがままにあり，必ずしもこちらがこうあってほしいと思うとおりにはならない》です。

　無条件の受容についてもっと詳しく知りたいと思うのであれば，以下は，考慮すべき点です。

- 受容は，受動的な甘受ではない。誰かから不当な扱いを受けた場合，そういうことがあったことは受け入れてもよい。なぜなら，それは実際にあったからである。変えられることは積極的に変え，変えられないことは受け入れ，自分の選択が理想に届いていない場合は，できるかぎり埋め合わせをしよう。

- 受容と気づきは，今この瞬間の状況の中で融合することが多い。自分の体験に心を開き，自分が好ましく思う体験を追求しよう。自分が体験したすべてを好ましく思う必要はない。

- 受容は，《なんでもあり》という考え方とは異なる。「自分は無条件に自分自身を受け入れることができる」からと言って，自分がしたいことをなんでもしてよいという許可が与えられているわけではない。自己受容は，無責任に行動する権利ではない。

- 受容は判断をするが，簡単な決めつけはしない。受容は，社会的かつ個人的に責任をもつ形で行動することでもある。自分には，腹を立てがちな自分の傾向についての責任はないが，過剰な怒りの克服には責任があると信じることも，受容である。

- 受容の言語は，穏やかだが正確である。不快な出来事は不快な出来事である。考えるときには，「〜の方がいい」，「〜は迷惑だ」といった言葉を使う（「〜でなくてはならない」や「〜だなんて，とんでもない」は使わない）。穏やかな言葉（「〜の方がいい」）は，それが刺激になって観点の明確化が進む。刺々しい言葉（「〜でなくてはならない」，「〜だなん

て，とんでもない」）は，扁桃体を刺激する可能性が高い。

- 無条件の受容は，問題に問題を重ねるというような，二次的な問題の創出リスクを下げる。そうした二次的な問題は，自己非難や他者非難，世間に対する非難を誘発する。というのも，起きてしまった出来事や自分の感じ方はコントロールできないからである。
- 受容は，ストレスの多い状況で生じる否定的な感情のほとんどと結びついていない（Ford et al. 2018）。

　受容という考え方は，非難を拡張する考え方と必ずぶつかります。非難を拡張して誰かに危害を加えようと考えつつ，不快な出来事をありのまま受け入れることは，論理的に不可能です。

あなたが行なう「受容」のエクササイズ

　以下の表で，非難を拡張する観点，状況説明的観点，受容の観点を比較し，そこから何を学んだかを見ましょう。1段目は例で，熱いコーヒーが飲みたかったのに，フライト・アテンダントがもってきたコーヒーはぬるかったという状況設定です。残りの空欄に，あなた自身の例を書き入れましょう。

非難を拡張する観点	状況説明的観点	受容の観点	この比較から学んだこと
気の利かないフライト・アテンダントが冷めたコーヒーをもってきた。	フライト・アテンダントの数に対して，乗客が多すぎる。	私への気遣いの共有は，フライト・アテンダントの手に余る。冷めたコーヒーでも，ないよりまし。	今回のことで，ある状況に関する理に適った見方はたくさんあることがわかった。

非難を拡張する観点	状況説明的観点	受容の観点	この比較から学んだこと

　この実験からわかったことで，将来の再評価の土台として活用しうることはなんでしょう？記録として，以下に書き留めておきましょう。

　　

賢明な自己利益を追求する

　《賢明な自己利益 enlightened self-interest》とは，不必要に他者を傷つけることなく，自分自身を向上させ，自己実現を目ざすための指針です。相互利益を期待していなくても，その過程で自分自身を痛めつけることがなければ，選択的に他者の利益を促進することができるかもしれません。

　他者と適正に関わり，信頼を獲得し，全員が共同の取り組みから恩恵を受ける協力の機会を増やすことは，通常，賢明な自己利益に適うことです。相互利益——すなわち，他者も自分に対して同様に振る舞うこと——は望ましいことですが，必要条件ではありません。

　他者が自分の期待に沿うことは当てにしないけれども，否定的な行動の責任はやはり当人に取らせるとき，自分自身は寄生性の怒りのサイクルを脱け出しています。それは，賢明な自己利益に適っています。

進歩の記録

プログレス・ログ

鍵となる考え：本章でもっとも役立つと感じた考えを3つ，記録しておきましょう。 1. 2. 3.
行動計画：怒りすぎを克服していくためにたどろうと思ったステップを3つ，記録しておきましょう。 1. 2. 3.
実行：その3ステップを実行するためにしようと思っていること（プロセス）を記録しておきましょう。 1. 2. 3.
結果：これらのステップを踏むことで，身につけたいと思っていること——もしくは，強化してきたこと——を記録しておきましょう。 1. 2. 3.
修正点：プロセスの中で変更したい点がある場合，次回は別の方法で行なおうと思っていることを記録しておきましょう。 1. 2. 3.

50

第 3 章

前向きに
変わるには

　もしあなたがほかの皆とほぼ同じなら，あなたには寄生性の怒りの盲点があります。どうしてそれがわかるのでしょう？　同様のひどい結果になるパターンを繰り返すからです。たとえば，人付き合いの場で繰り返し苛立ちを感じ，もっぱらその状況のせいでイライラするかのように振る舞っているとしたら，そこに盲点があります。

　論理療法の創始者ポール・デュボワは，感情的な思考が多くの人の盲点になっていると主張しました。彼は，「もし他者の行動が自分の感情の原因だとしたら，その行動に対する反応の仕方によってその感情を発生させているのは，実に自分自身であるという事実に気づこう」と書いています（Dubois 1909a, 155）。

　寄生性の怒りを生む自分の思考について知れば知るほど，迅速にその思考を見つけて取り除くことができるようになります。本章では，寄生性の怒り思考によって生じる有害な感情から自由になるための4つの方法を探り，より幸せに，かつ，より現実的に毎日を生きていくことができるようにします。これらの方法には，手短かに言うと，以下が含まれています。

- 間違った寄生性の信念を捨て，感情の解放につながる道を歩みはじめる。
- アルバート・エリスの有名なABCDEテクニックを学んで活用し，判断スキルを磨いて，内的な暴君である寄生性の怒り思考から自由になる。
- 白か黒かの絶対主義的寄生性思考の代わりに，可能性を考える習慣を身につけることによって，心の柔軟性と現実に対する耐性を高める。

取り組むべき寄生性の怒りによるパターンが減っていくと，思考と感情と行動の間の調和を味わう機会が増えていきます。

信念の力
||||||||||||||||||||||||

《あなたも，信念を抱く種に属しています（考える種類の動物に属しています）》。あなたの中核的信念は，あなたが真偽や正邪について何を確信しているかを表しています。それらの信念には，あなたが自分の人生や物事にどういう意義を感じているか，人々の行動の意味をどう受け取っているかも含まれています。それらの信念は，あなたがさまざまな状況について，ありそうなこととして段階的に評価する傾向があるのか，白か黒かで判断しがちなのかに影響を与えています。信念には，事実に基づいたものも，一部真実を含むものも，曖昧であったり間違っていたりするものもあります。

当然ながら，自分の行動を評価し，判断して体系化するときは，論理や推理，直観，洞察，経験則，体験からの連想，「常識」などの認知的プロセスの組み合わせを動員します。にもかかわらず，信念はしばしば，こうしたプロセスだけでなく，知覚や大局観にも影響を与えます。

信念の強さは，反証する事実を受け付けない確信から，何事かを耳にして漫然と思い込んでいるものまで，いろいろです。信念の一部は当然，経験に根差したものでしょう。たとえば，自分の親友たちはきわめて誠実だと信じているのは，彼らがいつも約束を守り，責任ある行動を取っているからです。

あなたは，自分の未来が確実で，難題の対処法は見つかると信じているかもしれませんが，それは予想であって，現時点では知りえないことです。しかし，たとえこれが見当違いの信念だとしても，未来には次から次へと悪いことが不気味に迫ってくるというような悲観的な信念を抱いている人よりも，健康で幸せな人生を送る可能性は高いでしょう。

信念の中には，信じがたいものもあります。たとえば，他者はあなたのルールに従ってプレーすべきだと（まるで他者に他者自身のルールがないかのように）考えている場合，相手がそうしないと腹を立てます。また，相手の価値はあなたの評価によって決まると信じているかのように振る舞っているとしたら，それは誤信です。確信の強度を調べる必要があります。その信念には，あなたを含めて誰ひとり，納得できるような異議は唱えられないという説に，あなたは何を進んで賭けようと思いますか？

通説では，『ニューヨーク・ポスト』のある新聞記者が，著名な哲学者バートランド・ラッセルに，「あなたは自分の信念のためには喜んで死にますか？」と訊ねたところ，「もちろん，死にませんよ」とラッセルは答えたとのこと。「結局，私が間違っている可能性もありますからね」（*New York Post*, June 23, 1964）

　信念は一様ではありません。幼いころに歯の妖精〔訳注：子どもの乳歯にまつわる，アメリカでは一般的な言い伝え〕を信じることと，大人になって自分に逆らう相手は怒りの報復を受けて当然だと信じるのとは別です。信念には独特の型もあります。

　そのひとつは《メタ認知的信念》，すなわち，否定的な思考はコントロールが効かないというような，思考に関する信念です。このような信念は，当人がやめたいと思っている当の否定的な思考を強化する傾向があります（Caselli et al. 2017）。これが不幸な結果を招くのは，自分の思考をコントロールできないという信念が不安を活性化するためです（Melli et al. 2017）。

　問題は，思考の流れを止められるかどうかではありません。意識の流れはずっと続くものです。あなたはその中で，自分の思考について考えることができ，ある程度は，その流れを合理的かつ肯定的な方向に向け直し，有害な作り話や誤信の正体を暴くことができます。認知的再評価は，その一例です。このあとに続く「ABCDE プロセス」の項では，認知的再評価と同じことをするための別の方法——研究の裏付けがある方法——を学びます。

　信念の中には，事実に基づいた合理的なものもあります。水は生命に必要である，定期的な歯科検診は心臓発作のリスクを低減する，太陽は東から上るなどがそれに当たります。それらは証明することができるため，《事実に基づいた信念》，すなわち，《真実》です。真実に反論する人なんているでしょうか？

　信念の中には，不合理なもの（観察結果や事実や現実と一致しないもの）もあります。たとえば，自分が幸せになるには，すべての緊張から永遠に解放されなくてならないというような信念です。また，あなたの信念やルールや役割期待を踏みにじる人は芯まで腐りきっているので，最悪の報いを受けて当然だという信念も，これに当たります。そのように信じるのは，白頭ワシとウサギが友だちだと信じるのと同じことです。しかし，疑う余地のない真実としてそれらを経験している場合，そうした信念が活性化する状況ではその信念に従って感じ，行動するのです。

　あなたの中核的信念は強力ですか？　第二次世界大戦末期の太平洋戦域で，日本軍は若い兵隊が操縦する特攻機を米国艦隊に突撃させました。人間のもっとも重要な本能は生き延びて繁栄することです。この特攻攻撃は本能の指令に逆らうものでした。しかし，4,000人余の飛行士たちが神風攻撃隊として自らの死に向かって飛び立ったのです。何ゆえにこの問題は複雑なのでしょう？　飛行士たちは，日本国家救済という英雄的行動のために神風に乗って天国へ飛ぶのだと理解しました。というのも，何世紀も前に神風が実際に国を救ったからです。その話は，歴史と，降伏するより名誉ある死を重んじる強固な伝統とに一致していました。司令官は志願者を募ったとき，この募集を集団の場で行ないました。そのような場で尻込みすれば，それは不名誉で恥ずかしいことだとされたでしょう。これも日本文化に根づいていたことでした。歴史と伝統，集団準拠の力が生存本能を圧倒したのです。

最高の助言：怒りを生む信念を明るみに出す

　さまざまな状況が，寄生性の怒りなどの感情を発火させる信念の引き金になりえます。慈善家であり理性の研究者でもあるジミー・ウォルターは，状況と信念と感情の間の関連づけについて語っています。

　野球の試合が1対0で終わったとしましょう。両チームのファンは，歓喜や失望，怒りなどの感情を露わにしています。ファンの人たちに，どうしてそう感じているのかを訊ねれば，スコアなど，試合に関するあれこれを聞くことになるでしょう。

　たいていの人は，状況が原因で感情が生じると信じています。しかし，ある試合の同一スコアについて，生じる感情はさまざまであるということから，出来事だけが感情の引き金となる要因ではないことがわかります。

　状況と感情を結びつける信念は，なぜそんなに見えにくいことが多いのでしょうか？思考に注意を向けないからです。そもそも，感情内の信念が見えなければ，それらに気づくことはできません。信念を探しましょう。ひいきのチームが負けて腹が立っているとしたら，「相手チームはいかさまをしたんだ。マネージャーをこっぴどく叱らないと！」というようなことを自分が言っているのが聞こえるかもしれません。それが，あなたの怒りの思考です。

　もちろん，例外はあります。体に攻撃を受けたり，大切な人を亡くして悲嘆したりするときの自然な怒りなどがそれに当たります。しかし，これらは出来事全体のごく少数です。ただ，それらを誇張することは可能であり，それも危険です。したがって，誇張を探すことが肝心なのです。それらを明るみに出せば，人間の苦悩の根源が見つかるでしょう。

「ABCDE」というプロセス

　60年以上もの間，何十万人というセルフ・ヘルパーたちがアルバート・エリスの論理情動療法（REBT）のテクニックを利用してきました。前向きに変わるためのエリスの「ABCDE」は，たいていの認知行動療法（CBT）システムの中核となっています。50年以上にわたる研究がREBTの効果を支持しています（David et al. 2018）。REBTは，認知タイプの有害な怒りを減らし，前向きな感情を増進するための重要なツールです（Oltean et al. 2018）。

「ABCDE」を理解する

「ABCDE」の各アルファベットは，前向きに進展する高度に構造化された変化の異なる段階を表しています。それぞれがどう働くか，見ていきましょう。

A = Activating events　きっかけとなる出来事

《きっかけとなる出来事》とは，感情や行動の引き金を引く力をもつ状況のことです。それらの中には，旧友に会うなど，楽しい出来事もあれば，上司に怒鳴りつけられるなど，不快な出来事もあるでしょう。もし自然な怒りがこみ上げてくるのを感じたら，それは，脅威が間近にあり，攻撃がもっとも安全な選択肢かもしれないということです。

寄生性の怒りの場合は，正しいか間違っているかはさておき，その出来事を有害なものとみなし，自動的に否定的かつ煽動的な思考をするようになります。その状況をどれだけ大きく捉えているかによって，こみ上げてくる怒りの大きさは，ごくささいなものから激烈なものまでいろいろです。怒りはさまざまな度合いで発生するため，あなたには既に，怒りによる自分の反応をいくらかはコントロールする力が備わっています。これは，楽観できるひとつの理由です。

数多くの出来事が寄生性の怒りのきっかけになりえます。しかし，寄生的に反応するかどうかは，あなたがその状況に与える意味次第です。あなたはたぶん，状況的要因を考慮に入れるでしょう。仮に酔っ払って分別を失っている人が大声であなたに毒づきはじめた場合，あなたは肩をすくめて，酔っ払いにまともな振る舞いを期待する方が無理だと考えますか？　それとも，腹を立てて怒鳴り返しますか？　あなたがどんな行動を取るかは，次に取り上げるB（beliefs），すなわち信念が関わってきます。

B = Belief　信念

感情を引き起こすタイプの多くの体験は，《信念》というフィルターにかけられ，どう感じるかは，信念によって左右されます（信念が感情を誘発したり，感情のきっかけとなったり，感情を活性化させたり増大させたりします）。信念の中には，妥当だと思われるもの，無理のないもの，論理的なもの，事実に基づいたものもあります。これらは合理的な信念です。しかし，偏りや歪みのある不合理な信念をもつのも，人間の性です。そうした信念は通常，自動的に活性化し，したがって迅速に活性化します。当人が真実だと思い込んでいるこれらの信念は，証拠が欠けている上に正当性もありません。それゆえに，不合理だとされるのです。

不合理な信念は，必ずしもすべてが有害なわけではありません。左肩に塩を振ると，その肩に座っている悪霊を退散させることができ，幸せがもたらされると信じているとしましょう。この信念は理に適っていません。でも，当人の人生に重要な影響がないなら，たいしたことはありません。しかし，不合理な信念から湧き上がる怒りには，たいてい寄生的な面が

あります。例を挙げましょう。あなたはたとえば，不当な要求や迷惑は耐えがたく，自分の望むものを望むときに手に入れる必要があり，自分が何をしようとも人々は自分を認めなくてはならないと信じているかのように行動するとしましょう。そして，誰かがこれらの条件に従わないと，まさにその不合理な思考が浮上してきて，あなたの怒りの温度はたいてい上昇します。

　それだけではありません。認知タイプの怒りにはしばしば，外在化した非難（すなわち，他者や物事や状況への非難）が含まれます。「犬に吠えられて，頭に来た」，「友だちが飲酒のことをうるさく言ったので，腹が立った」，「今日は曇っていてムカつく」などです。怒りのこの《反射理論》は，簡単に論破できます。もしも，たとえば，今日は曇っているとしたら，怒る以外に選択肢はないと思い込んでいるのでしょうか？　もしあなたが，日照りつづきで雨が降ってくれたらいいと思っている農夫だったら，どうでしょう？

C ＝ Consequences　成り行き

　《成り行き》とは，きっかけとなる出来事について信じていることが原因で，感情面および行動面に生じた結果のことです。理性のレンズを通して人生を見ていれば，災難に対する反応として，ごく自然で否定的な感情が湧き上がるでしょう。そして，たとえば裏切りや不公正といった問題に対処するときには，そうした否定的な感情にある程度の怒りが含まれることもありえます。しかし，寄生性の（合理的でない）怒りによる筋書きが展開すると，否定的な影響が生じる可能性があります。以下は，寄生性の怒りを生む合理的でない信念から広がりうる成り行きの例です。

- 報復の形で相手に身体的攻撃（怒鳴る，喧嘩をする），もしくは，間接的攻撃（悪口を言う，陰で中傷する）をする。
- 怒りや怒り思考をさらに引き起こすアンガー・サイクルに陥る。
- 対人関係の質が低下する。
- 今となっては解決できない怒り体験の記憶が，心の底にいつまでも消えずに残る。
- 怒りによる筋書きを練習しすぎたせいで，望ましくない怒りの影響が繰り返される。
- 落ち込みを感じたくないときに，落ち込んだ状態が続く。

　以上の成り行きは，さまざまな程度で発生し，また，しばしばいくつかの組み合わせでも発生します。ときには，コントロール下にある短時間の寄生性の怒りがたまに生じるだけで，有意な影響は出ないこともあれば，たった一度の出来事が身を滅ぼしうると判明することもあります。

D＝Dispute　問題化

《問題化》とは，否定的な感情や否定的な行動結果を誘発する不合理な信念に異議を唱えて吟味するということです。寄生性の（不合理な）信念と，事実に基づいた信念とを分けることによって，このプロセスはスタートを切ったことになります。論理情動療法（REBT）のセラピーを受けたり，REBTの本を複数読んだりすれば，誤った信念を識別して問題にする事例に数多く気づくことでしょう。手はじめとして，怒りを感じて，自分が寄生的に思考しているのではないかと思ったとき，4つの質問に答える以下のガイド付きアプローチを利用するといいかもしれません。

1. 自分の怒りを誘発したと信じているその出来事を，もし12人が見ていたとしたら，全員が同じ結論に至るだろうか？　この質問をすることで，少し立ち止まって別の評価を考えられるようになる。
2. 自分の怒り思考で，理に適っていたり，実証できたり，事実に基づいていたりする可能性が高いのはどの部分だろうか？　ここでは，エビデンス（証拠）を探し，立証しようとする。
3. 自分の怒り思考で，寄生性（不合理）である可能性が高いのはどの部分だろうか？　この思考を識別して，それは変更できるものだと知ることで，気持ちを楽にすることができる。
4. この状況に関する自分の信念は，建設的な目的の達成に役立つだろうか？　それとも，それを損なうだろうか？　この質問をすることで，注意が散漫になることも，架空の問題に注目することもなく，優先事項にしっかり注目できるようになる。

E＝Effects　結果

新たな《結果》は，自分の思考を調べ，これまでとは別の行動を試し，別の観点を生み出そうとする努力から生まれます。この新しい観点は，自分の思考から寄生性のものを取り除いたあとに生まれることの多い副産物です。不合理な期待，非難を拡張する信念，問題のある想定を減らすことで，邪悪なアンガー・サイクルに費やす時間が減ります。相手があなたのことを，以前より寛容になったと考えるため，他者との関係も改善するかもしれません。

では，「ABCDE」の例を取り上げて，このシステムをどう役立てるかを見ていきましょう。

「ABCDE」を作働させる

同僚のパットが，ホールにいるあなたに挨拶をしないで，そばを通りすぎていきました。あなたは怒りがこみ上げるのを感じます。パットは自分を無視して侮辱しようとしたのだと，あなたは思い込みました。あなたはパットのことを，狭量で無作法だと――

狭量で無作法な《行動を取ったこと》ではなく，そういう《人間性であること》を——非難します。パットは腐り切ったやつだとまで言って，あなたは非難を拡張し，自分には，そんな不快な態度を取るパットを懲らしめる権利があると考えます。あなたはこのように考えることで，すぐにカッとなります。

このパットの例を使い，「ABCDE」のプロセスに従って情報をどう系統立てるかを見ていきましょう。

A－きっかけとなる出来事

事実に基づいた観察が出来事のきっかけとなります。パットは，ホールにいるあなたに挨拶をしないで，そばを通りすぎていきました。

B－信念

感情を引き起こした出来事に注意を向けると，自分の信念を見落とすかもしれません。そもそも，信念に基づいてさまざまなことを仮定して行動しながら，自分が今まさにそうしているのだと思っている人が，いったいどれだけいるでしょう？　そこで，腹を立てているときに自分の信念に注目するための簡単な質問をご紹介します。《私はこの出来事について，どう思っているのだろう？》と自問するのです。自分自身に何を語っているのか（自分が思い込んでいること）がわかれば，その思いの正当性をチェックすることができます。

あなたはパットについて，どんなことを自分に向かって語っていますか？　自分をわざと無視するなんてけしからんというようなことですか？　パットがあなたをわざと無視したから，彼のことを腐り切ったやつだと思うのですか？　それとも，とにかく彼は総じて腐り切っていると思うのですか？　腐り切ったやつだという理由で，パットをどうしても罰したくなるのですか？　今回のことが起きたのは，あなたに原因はありませんか？

このような分析をすると，寄生性の思考と，たいていそれらと同時に発生する否定的な怒りの感情や行動結果を明らかにすることができます。

C－成り行き

実際に何が起きているかを見ていきましょう。パットがあなたのそばを通りすぎていきました。あなたはほとんど同時にカッとなりました。これは成り行きとして，感情面に生じた結果です。あなたはパットに声をかけたいと思うかもしれません。それは，生じる可能性のある行動結果であり，これはうまくいくかもしれないし，そうはいかないかもしれません。この段階では，多くのことがあなたの出方と，あなたの信念の真偽に左右されます。もう少し深く掘り下げましょう。そうすれば，パットのことではなく，あなたのことに関する成り行きがわかるかもしれません。あなたは「怒り思考　→　怒りの感情　→　怒り思考」とい

う悪循環にはまっている可能性もあります。あなたは，このような回避可能な成り行きにはまったまま生きていきたいと思いますか？　それとも，別の方法を試してみますか？　是非，別の方法を試してみましょう。

D－問題化

　もしあなたが，パット《のせいで》腹が立っていると思っているとしたら，それは，あなたの頭の中にある怒りの筋書きを書いているのはパットだということですか？　パットはテレパシーが使えて，あなたの思考をコントロールし，あなたに否応なく腹を立てさせることができるのですか？　もしこうした質問をばかばかしいと感じはじめているなら，まさにそう感じるとおりなのです。あなたは今回のことをパットのせいにすることはできますが，あなたはそれで，どこを，何を，目ざしているのですか？　既にここまで来ているのなら，あなたは状況の即時見直しへの道を進んでいます。さあ，自分の思考をきちんと評価し，頑張って合理的な考え方や合理的な行動の取り方をしようではありませんか。これは，パットに関することを何も変えなくても実行できることです。

　本書では，寄生性の思考を問題にする方法を数多く取り上げています。ここでは，4つの基本的な質問から始めましょう。これらの質問に答えることで，はっきりさせるべき点をさらにはっきりさせ，不要な怒りは減らせるようになります。以下の表の左欄にそれらの質問，右欄には，妥当だと思われる合理的な回答を提案しています。

基本の質問	回答例
その出来事を，もし12人が見ていたとしたら，全員が同じ結論に至るだろうか？	どのような主張であれ，その証拠が確実なものでない限り，12人全員が同意するのは難しい。自分の信念について，私には確実な証拠がないので，もっとはっきりさせなくては……。
自分の怒り思考で，理に適っていて，実証できそうなのはどの部分だろうか？	相手が誰であれ，わざと無視されるのはイヤだ。それは事実だ。でも，パットに関する私の想定が正しいかどうかについて，今のところ，異論の余地のない証拠はない。それも事実だ。 注記：この段階での見きわめがしばしば簡単なのは，状況が複雑ではないからである。
自分の怒り思考で，寄生性であり，反証できそうなのはどの部分だろうか？	寄生性の思考領域に入ると，事態を悪化させる要因を見つけやすくなる。 パットは腐り切ったやつ《である》と，あなたは断言している。「A は X である」という言い方の《である》という述語は，過剰な一般化の手がかりになる。この述語は，あなたがパットを一面的にしか見ていない可能性を示している。傍目には，それが真実でないことがわかる。このようにして，言語と現実の間には不一致が生じる。

	パットが挨拶をしなかったことを，彼のアイデンティティを断じる《である》ではなく，《行動》として捉えることで，重要な変化が発生する。つまり，パットはXであるという思考（彼のアイデンティティに関する包括的評価）から，彼の行動の評価に移行するのである。こうすることで，「ひとつのアイデンティティしかない人間であるとしたら，別のアイデンティティをもつ人間であるはずがない」という罠から抜け出せるようになる。
	もしパットがわざとあなたを無視したと判明したら，あなたが自分の観点から，「パットは腐り切った《振る舞いをした》」と言う分には，なんの不都合もない。
	さて，何が寄生性の怒り思考で，何がそうでないかに関してはっきりさせるという観点からの問題化には，もうひとつ取り上げるべきことがある。たとえあなたが状況を正確に読んでいるとしても，あなたの人生におけるその他の無数の状況と比較して，この出来事はどれほど重要か，という点である。
怒りにまつわる自分の信念は，理に適った建設的な目的の達成に役立つだろうか？	もし自分がさらに腹を立て，仕返しすることばかり考えているとしたら，それは，理に適った建設的な目的の達成を推進する手段にはなりそうにない。

E－結果

　自分の思考を見直すことで，自分にはパットの行動の原因や根拠がわかっていないという正確な結論に達するかもしれません。パットが意図的にああ振る舞ったのか，それとも，あなたのそばを通りすぎるときに，いわば「居眠り運転」をしていたのかは，あなたにはわかりません。となれば，怒りは収まっていきます。そして，自分自身にとって好ましい結果を新たに引き出したことになります。

　「ABCDE」を使って分析をするとき，パットはあなたをわざと無視したわけではなかったという想定はしません。この分析の目的は，その状況に関する不合理な寄生性の信念を分離して，その反証を上げることだからです。仮にパットはあなたをわざと無視するつもりだったとしましょう。その場合は，自分の気に入らないことの受け入れに取り組むことになるかもしれません。

　ほかにも，活用できる自問方法があります。たとえば，《筋書き》について，「あのときパットは物思いにふけっていたとしたら，どうだろう？」と自問する方法もあれば，《立場を逆転させて》，「パットだったら，ぼくが『やあ』とも言わないで通りすぎたら，怒るだろうか？」と自問する方法もあります。

あなたの怒りの問題に「ABCDE」を使う実験

　今度は，あなたが「ABCDE」を試してみる番です。以下の「ABCDE」の表を使って，自分自身の怒りの問題について分析しましょう。右欄には，まず，きっかけとなる出来事，す

なわち，何が起きたかを書きます。次は，その出来事について，何を信じているかを書きます。つづいて，どう感じているか（感情面の成り行き），どのような行動を取ったか（行動面の成り行き）を説明しましょう。4つ目は，前述した4つの基本的質問を使って，信念を問題にします。そして，最後に，この「ABCDE」を使ったことで生じた結果があれば，それを書きましょう。

前向きに変化するための「ABCDE」	回答
きっかけとなる出来事	
その出来事に関する信念	
感情面および行動面の成り行き	
問題化のための4つの基本的質問 1. その出来事を，もし12人が見ていたとしたら，全員が同じ結論に至るだろうか？ 2. 自分の怒り思考で，理に適っていて，実証できそうなのはどの部分だろうか？ 3. 自分の怒り思考で，寄生性であり，反証できそうなのはどの部分だろうか？ 4. 怒りにまつわる自分の信念は，理に適った建設的な目的の達成に役立つだろうか？	
結果	

「ABCDE」を使うこのエクササイズは，たとえば，人に拒絶されるのではないかと考えて不安になるなど，感情が絡んだ寄生性の思考が生じている状況で，あなたが取り組もうと決めたものであれば，事実上すべてに使うことができます。

寄生性の規則を破る

前向きに変化するためのアプローチとして，本章で最後に取り上げるのは，寄生性の規則を，確率に基づいたより合理的な信念に置き換える学習です。この学習を進めるために，まず，ほかにもよくある不合理な信念をいくつか調べましょう。

不合理な信念

アルバート・エリスは，人間には何もわざわざ経験しなくていい不幸があり，その根底には不合理な信念が3つあると特定しました。すなわち，完璧と是認と安楽を極端なまでに必要とする信念です。これら3つの要求を，怒りを喚起し，怒りによる思考や行動を誘発する力をもつ寄生性の規則として調べていくと，役立ちます。以下は，これらの寄生性の思考規則がどのように適用されるかをまとめたものです。

規則1. 私はあらゆる面で完璧なレベルに到達し《なくてはならない。そうできないなら》，私は出来損ないの最低な人間だ。

規則2. あなたは私を大切にし《なくてはならない》し，私の扱いは私の望むとおりにし《なくてはならない》。《そうできないなら》，あなたは最低の人間であり，厳しい罰を受けても当然だ。

規則3. 《人生は》公平かつ安楽で《なくてはならない》。そうでない人生なんて，最低・最悪だ。

これらの規則に対する違反をどう捉えるかによって，あなたは怒りや自信喪失，不安，抑うつ状態，もしくはこれらの不快な状態の組み合わせを体験するかもしれません。たとえば，規則2に従うのであれば，誰かがあなたに無礼を働いたり，あなたを無視したり，あなたに対する崇敬の情を十分に示さなかったり，なんらかの活動に——あなたは当然加えてもらえると思っていたのに——あなたを加えなかったりした場合，その人は，地面に打ち込まれた杭につながれて，全身をヒアリに覆われても当然だということになります。この筋書きで，その相手はあなたの要求に応じると思いますか？　あなたのやり方は，自分本位の小さな子どものすることだとは思いませんか？

あなたに対しても，この地球上の誰に対しても，上記の3つの規則を，絶対的かつ必要不可欠で例外のない条件として，その固守を要求する普遍的法則や世間一般の価値体系はあり

ません。

確率に基づく選択肢

　あなたの認知的世界の一部は，カテゴリーや等級，確率をめぐって展開しています。たとえば，オレンジとバッタは両方とも生物ですが，異なるカテゴリーに属しています。オレンジ色には，薄いものから濃いものまでさまざまな色調があります。オレンジとバッタが来年も変わらず物質界の一部である確率や，いろいろな色に異なる色調がある確率は，ほぼ100パーセントです。

　確率の世界は，白か黒かの世界とは異なります。白か黒かの世界では，あなたは勝者か敗者のいずれかであり，よい人か悪い人のいずれかであり，怒っているか優しいかのいずれかです。以下の表は，前項で取り上げたカテゴリーに基づく不合理な規則から，確率に基づく観点への移行を示しています。

確率1. 誠実に努力すれば，私はたぶんよい結果を出すだろう。

確率2. 私があなたの扱いをよくすれば，不十分な扱いをする場合より，あなたは肯定的な形で報いるだろう。

確率3. 努力して人生を改善することを学び，そのために懸命に行動するなら，努力もしないで安楽な人生を求めるより，はるかに速く結果を出せるだろう。

　寄生性の規則を破ることを自分に思い出させるには，上記の確率に関する3センテンスを書いた財布サイズのカードを創るといいでしょう。これは，http://www.newharbinger.com/44321でダウンロードして印刷できます。以前なら不合理な規則に従って腹を立てていたかもしれないと思う状況に陥ったら，これを使ってください。別の結果を出せるかどうか，チェックしましょう。

鍵となる考え：本章でもっとも役立つと感じた考えを3つ，記録しておきましょう。

1.

2.

3.

行動計画：怒りすぎを克服していくためにたどろうと思ったステップを3つ，記録しておきましょう。

1.

2.

3.

実行：その3ステップを実行するためにしようと思っていること（プロセス）を記録しておきましょう。

1.

2.

3.

結果：これらのステップを踏むことで，身につけたいと思っていること——もしくは，強化してきたこと——を記録しておきましょう。

1.

2.

3.

修正点：プロセスの中で変更したい点がある場合，次回は別の方法で行なおうと思っていることを記録しておきましょう。

1.

2.

3.

第 **4** 章

観点の問題を
解決する

　想像してみてください。今あなたは山の頂上にある塔に立っています。周りを見回すと，木々の生い茂る森が大きく広がっています。眼下では，川が遠く向こうまで大地をくねって下っていきます。かなたに小さな町が見え，ほかにもいろいろ目に入ってきます。さて，あなたはじっと立ちつづけていると思ってください。そして，紙を1枚取り出すと，それを細い筒状に丸めます。筒の一方の端は，目にぴったり合うくらいに開け，もう片方はほんの少し開けるだけにします。では，左目を閉じて，右目でその筒を覗きましょう。町が見えます。川が見えます。森の木々が見えます。

　いつもの全景はもう見えません。代わりに，あなたは片目を閉じ，細い筒を通して周囲の世界を眺めています。このエクササイズからわかるのは，見ていないものこそ，重要であることが多いということです。

　怒りは視野を狭めます。怒りによる視野狭窄は，身体に脅威が生じた状況で実用機能を果たします。それは，もって生まれた生き残り計画の一部です。攻撃を受けて逃走している最中に鳥を眺めていたら，生存は脅かされます。一方，寄生性の怒りは，これとは別の状況を提示します。危険にさらされているのは，自分のイメージや信念，期待などです（自我への脅威が生じているのです）。そうなると，この狭い世界に没入するため，自分の寄生性の自我の飽くなき欲求を満足させること以外，たいていのことは重要ではなくなります。

　寄生性の怒りが心理的な観点を狭めると，他者の立場からものを見ることが難しくなります。そして，観点におけるこの欠損が怒りを増幅します（Yip and Schweitzer 2019）。

　自分が視野狭窄のこの罠にはまったことに気づいたら，どのようにそれから逃れたらいい

のでしょう？　今起きていることを，別の角度から慎重に眺めることです。認知的再評価や「ABCDE」メソッド，距離を置くテクニックなど，CBTのツールを活用して視野を広げるようにすることが重要です。

　本章では，観点を広げて森と木双方を見られるようにする方法として，以下を取り上げます。

- 循環論法と過剰な一般化の罠に気づき，それらから脱け出すことを学ぶ。
- 寄生性の怒りから現実を見据えた観点に移行するために，調査のための質問と戦略に関する質問を試みる。
- 短期的結果と長期的結果を予測することで，寄生性の怒りから自由になる。
- 気分を変えて，寄生性の怒り思考から距離を置くために，滑稽な誇張を利用する。
- 肯定的な観点の3本柱を理解し，これらを理解することが，怒りとその怒りがもたらす人生への有害な影響の軽減に，どう役立つかを理解する。

観点を狭めるふたつの典型的な考え方

　怒りの問題と苦々しい思いは互いを増幅します。この双方に耐えられなくなると，観点が狭まります。循環論法と過剰な一般化は，この狭窄の推進力になります。どうすればこうした視野狭窄から自由になれるのかを見ていきましょう。

循環論法

　《循環論法》とは，比喩的に言えば同じところをぐるぐる回るタイプの，論理的に誤りのある考え方であり，ある考えから始まり，結局，最初と同じ考えか，それに似た結論に達するものを言います。以下はその例です。

- 私が怒っているのは，あなたが私を怒らせるからよ。
- 腹を立てないでいるためには自分のしたいようにしなくてはならないし，自分のしたいようにしていれば，腹は立たない。

　循環論法の中には，ひとめぐりの間に，第1前提，第2前提，結論の3つがあるものもあります。

- 《第1前提》は，「私には，自分のしたいようにする権利がある」。

- 《第2前提》（自分自身が妨害されるのを見て苛立ったとき，それに対する反応として，なぜ怒りが必要なのか）は，「したいようにしないときはいつも，とんでもなく厄介なことになる」。
- 《結論》は，「私は自分のしたいようにしなくてはいけない」。

このプロセスのどの部分であれ，穴を開ければ，その循環から脱け出すことができます。以下は，プロセスに穴を開けるための《なぜなら介入法》の使い方です。

- 第1前提：「私には，自分のしたいようにする権利がある」
  - 《なぜなら？》と，自問する。
  - それに対して，たとえば，《なぜなら，それは私の生得権だから。なぜなら，私は自分が特別だと信じているから。なぜなら，私にはそれだけの価値があると信じているから》と答える。この答えのどの部分に関してであれ，どんな正当性があるだろうか？
- 第2前提：「したいようにしないときはいつも，とんでもなく厄介なことになる」
  - 《なぜなら？》と，自問する。
  - それに対して，たとえば，《なぜなら，イライラした気分になるのは耐えられないから。なぜなら，誰もが私に配慮しなくてはならないという普遍的法則があるから。なぜなら，私がしたいようにしないと，この世はおしまいだから》と答える（この答えもぐるっと回って第1前提に戻っている）。この答えのどの部分に関してであれ，どんな正当性があるだろうか？
- 結論：「私は自分のしたいようにしなくてはいけない」
  - 《なぜなら？》と，自問する。
  - それに対して，たとえば，《なぜなら，それは私の生得権だから。なぜなら，自分がほしいと思うものが手に入らないなんて耐えられないから。なぜなら，自分のしたいようにしないと腹が立つから》と答える（ここでも，答えはぐるっと回って第1前提に戻っている）。

　循環論法には，「他者から横やりが入らなければ私の人生はすばらしいのに（他者がちょっかいを出してくるせいで私の人生は最高とは言えない）」という前提と同じ結論が，言外に含まれている可能性があります。この論法に気づいていない場合，怒りの盲点が生じます。この盲点のせいで，おそらく他者を非難したり，攻撃を正当化したりするのでしょう。この論法でぐるぐる回っている自分自身に気づきましょう。気づくだけでも，このループから脱け出せるかもしれません。

過剰な一般化

　女性は運転が下手《である》。男性はがさつ《である》。——このふたつに共通するのはなんでしょう？　ひと言で男性と女性を決めつけていて，過剰な一般化が生じているということです。この過剰な一般化が寄生性の怒りと連動すると，たとえば連れ合いに向かって，「おまえは《ほんとに》どうしようもない役立たず《だ》」と怒鳴りつけることになったりします。過剰な一般化のこの罠から抜け出るにはどうしたらいいのでしょう？

　上の例の状況で怒りを引き起こしうるのは，「下手」「がさつ」「役立たず」という言葉だけでしょうか？　もう少し深く掘り下げて，共通する回路がないかどうか調べましょう。「〜である」「〜だ」という述語は，怒りの感情の噴出に影響していませんか？　私たちはやはり，ある人物がこの時点でこう《である》場合，その人物は概してそうであるという見方をしそうです。

　アルフレッド・コージブスキー（Korzybski 1933）は一般意味論と呼ばれるセラピー的なアプローチの創始者で，「同一性の《is》」と命名したもの〔訳注：日本語では「〜である」「〜だ」という述語に相当するもの〕のもつ危険性に気づきました。このシンプルな動詞「is」は人間の複雑さを完全に消し去るものであり，原始的かつ制限的な当てにならない不当な評価を表すものだとしたのです。《同一性のis》を使った表現が抽象的（良し悪しや快・不快への言及）になればなるほど，状況を読み誤るリスクや，この動詞による不当な評価として生じる過度の緊張リスクは高まります。

　性格特性に関する過剰な一般化——運転が下手だ，がさつだ，どうしようもない役立たずだ，など——は，非難の拡張思考の好例です。このような過剰な一般化は数多くの理由で不合理であり，異議を申し立てられかねません。それらはまるで，実際には弱い敵対者が増長し，見かけだけいかにも強そうにしているかのようです。そんな相手の力に巣くう寄生虫の活力を奪うには，過剰な一般化に対する例外を探すことです。たいてい，案外簡単に見つかるものです。

　NASCAR（全米自動車競走協会）主催のナスカー・レースの女性ドライバー，ダニカ・パトリックとタミー・ジョー・カークは，「女性はみんな運転が下手だ」という神話を一掃します。そして，確かに男性の中には，自分の家をゴミだらけにする者もいますが，大半はそうはしません。強迫的なきれい好きについてはどう思います？　連れ合いがどうしようもない役立たずだという場合，あなたがその相手を選んだことについて，それは何を語っているのでしょう？　別のときには，相手は違って見えるのでしょうか？

　一般意味論の研究者D・デイヴィッド・ブーランドとポール・ジョンストン（Bourland and Johnston 1991）は，行為を描写する動作動詞を使うことで，be動詞を排除してはどうかと提案しています。彼らはこれを「E−プライム」——すなわち，be動詞を除いた英語——と呼びました。E−プライムではどうなるかと言うと，「一部の女性の運転の仕方には，好感がもて

ない」,「がさつじゃないって, 男性が否定してくれたらいいのに」といったところです。あなたが何に好感をもてないのか, どうだったらいいのにと思っているのかを説明することによって, 不要な非難が他者に向かわないようにしています。同時に, 気に入らないものを気に入らないと言う権利も行使しています。さらに, 性格特性に関する過剰な一般化と非難の拡張思考から距離も置いています。

　be動詞を使うコミュニケーションは, たいていの場合うまくいきます。しかし,《同一性のis》が寄生性の怒りパターンを発生させる場合には, 特定の状況で意図的にその述語を取り除くことによって, ものの見方の客観性を高められるようになります。以下のエクササイズは, これを実践で使えるようにするのに役立ちます。

過剰な一般化に関する実験

　《同一性のis》を使って人に非難のレッテルを貼ると, 自分にも相手にも怒りの感情が発生し, その感情を正当化することになりかねません。代わりにE－プライムを使うことによって, 自分の怒りから寄生的な要素を取り除くことができるかもしれません。以下は, 対照的なアプローチの仕方を示しています。

寄生性の怒りを生む思考	E－プライムによる思考
ジェイクは底抜けのばか《だ》。	ジェイクは上司を侮辱するとき, 分別のない《行動を取る》。

　たいていの人は,《同一性のis》思考をよくしているため, それがごく自然に出てきます。しかし,「is」を,「act」すなわち行為を表す言葉に置き換えることで, これまでとは異なる観点が生まれ, 焦点は, ジェイクのアイデンティティではなく行動に絞られます。

　この《同一性のis》プロセスに自分で気づくのはかなり難しいのですが, このプロセスの速度を緩めることはできます。それには,《行為》を評価するというやり方があります。以下の表は,《行為》に注目する観点と《同一性のis》による観点とを比較したものです。

状況	《同一性のis》による観点	《行為》に注目する観点
お気に入りのレストランで, 静かに夕食を楽しみたいと思っているのに, 隣のテーブルの一団が誰かの誕生日を祝って大声で話したり笑ったりしている。	まったく, ばか話好きの無教養な連中《だ》。硫酸入りのスープでも飲んでもらわなきゃ《なるまい》。そうすれば, 黙るだろう。	この連中の振る舞い方は気に入らない。

	《同一性の is》による観点の正確さ	《行為》に注目する観点の正確さ
	この連中の誰もがいつもこんなふうに思考して行動するという証拠はない。 自分が好ましく思わないことについて, レッテル貼りをして非難を拡張すると, 明晰な思考をしなくなり, 厄介事を抱え込む。 連中は, 私とは別の目的でレストランに来ている。	自分は, 大声の会話は好きではない。 連中は自分たちの祝いごとに忙しくて, 周囲には気が回らなくなっているようだ。 声を落としてくれるといいんだが。

　さあ, 《同一性の is 思考》の過剰な一般化から行為を評価する思考に移行することで, あなたが自分の論理的思考スキルを強化する番です。《同一性の is》が怒りの要因になった最近の状況を取り上げて, やってみましょう。どちらの観点の方が, より簡単に立証できますか？

状況	《同一性の is》による観点	《行為》に注目する観点
	《同一性の is》による観点の正確さ	《行為》に注目する観点の正確さ

　他者について考えるとき，全体的な在り方ではなくその行為に焦点を絞ると，理に適った観点を支える明晰さを高められそうです。観点が広がり，選択肢が広がります。怒りが問題になるのを防止するのです。それは勝利と言えるでしょう。

質問するときのふたつのテクニック

　言葉をうまく使った質問には，回答を得る条件が揃っています。調査のための質問と戦略についての質問を見ていきましょう。問題解決のプロセスはふたつの部分から成り，《調査のための質問》は，そのうちの分析的段階，《戦略についての質問》は，すべきことに関するものです。

調査のための質問

　調査のための質問は自由形式であり，《何が（を），いつ，どこで，なぜ，どうして》を調べるものになる可能性があります。寄生性の怒りを生む信念と，その信念に含まれる誤った考えを調べるのに，殊に役立つでしょう。以下のふたつの例は，調査のための質問とその回答です。

- 質問：誰かが私の気に入らない行動を取った場合，その相手はいつなんどき，ドローンで火炎爆弾を落とされても当然だと私が思っていたとしたら，何が起きるだろう？
  回答例：もしみんながさまざまな場で，人を不快にする行動を取り，この罰を受けて当然だということになったら，罰を受けない者はいなくなるだろう。
- 質問：はっきりした理由もないのに，緊張して落ち着かず，腹も立てているという場合，誰かを非難する私の目的はなんだろう？
  回答例：見当違いの非難は，その人物のせいで自分がこういう状態になっていると考え，憎悪をかき立てるという目的を果たす。一方，原因不明であることを受け入れるのは，賢明なやり方である。

戦略についての質問

　戦略についての質問は，調査のための質問の回答を巧みに利用して，目的を達成しようとします。合理的な行動的アプローチを引き出し，問題克服を目ざすのです。以下のふたつの例は，戦略についての質問とその回答です。

- 質問：誰かが話すこと，すること，しないことが気に入らないとき，自分の取るべき合理的な選択肢はなんだろう？

  回答例：①まずその状況を受け入れることができる。②攻撃的にならずに，何が気に入らないかを伝えることができる（第10章参照）。③本題に焦点を絞り，性格特性の問題は避けようと思う。④相手を責めるような《あなた》を避けようと思う。「あなた」を使うと，こちらが相手を非難し文句を言っているように聞こえる。⑤壁にぶつかったら，別の方法を試すか，すべての人に自分の言いたいことが通じるわけでないことを落ち着いて受け入れるかしようと思う。⑥自分の行動に間違いを見つけたら，その責任を引き受けようと思う。⑦さらに対策を講じる必要があれば，そうしようと思う。

- 質問：唐突な感じで緊張が走り，不安になり，腹も立ってきたとき，どうすればはっきりしたことがわかるだろう？

  回答例：①緊張と不安はなんらかの合図であること，原因に関してははっきりした答えはないかもしれないことを受け入れる。②パターンを探そうと思う。以前にこの状態になったのはいつのことだろう？　そのとき，注目すべき原因があっただろうか？③合図の原因がはっきりしない場合，判断するのは，はっきりしたことがわかってからにするか，自分の一時的な気分とピリピリした状態が原因だとはっきりしてからにする。結論に飛びついて誰かを恣意的に非難するようなことはしない。

調査と戦略の質問に関する実験

　調査と戦略の質問は，カテゴリーに手を加えれば，「ABCDE」プロセスと似たものにすることができます。以下はその方法です。

出来事	1. 大規模な倉庫型店舗で，速乾性接着剤のコーナーを見つけられない。
	2. 対応してくれる店員が見当たらない。
信念	1. 対応してくれる店員を十分に揃えられないなんて，経営陣はばかだ。
	2. 店員たちは怠け者で，自分の仕事をしていない。そんな店員は解雇すべきだし，経営陣に能力があるなら，そうするだろう。
調査のための質問	1. ここの店員は私の言いなりにならなくてはならないと，どこに書いてある？
	2. たとえすぐ手近に対応可能な店員がいなかったとしても，店員が全員怠け者だという証拠はどこにある？
戦略についての質問	1. この店が完全なセルフサービスだとしたら，私はどうするだろう？
	2. 商品の場所を教えてくれるレジ係を見つけられるだろうか？
	3. 相談担当の責任者はどこにいるのだろう？

結果	調査のための質問：
	1. 対応してくれる店員がそばにいるのは望ましいけれど，ひとりもいないからと言ってこの世の終わりというわけではない。
	2. 私は，基本的な帰属錯誤を犯していた。この誤りは修正することができる。店員全員が怠け者だという証拠はない。けれど，現時点で対応してくれる店員がひとりもいないという証拠はある。
	戦略による対処法：
	1. 手作りコーナーなど，接着剤を見つけられそうな場所に行ってみよう。見つからなかった。
	2. どのレジにも長い列ができている。ついていない。
	3. 責任者を探している途中，サービス・カウンターを見つけた。接着剤について訊ね，陳列棚のある通路を教えてもらった。

この方法に効果があるかどうか，今度はあなたが試してみる番です。

出来事	
信念	
調査のための質問	
戦略についての質問	
結果	調査のための質問： 戦略による対処法：

短期的結果と長期的結果を予測する

　寄生性の怒りの状況を短期的観点と長期的観点から評価すると，これ自体はすぐにできる簡単なことながら，驚くほどの効果も期待できます。まず，寄生性の怒り思考の短期的利点および長期的利点と，寄生性の思考に異議を唱えることの短期的利点および長期的利点を調べ，そのあと，どちらにするか選ぶのです。以下はその例です。

観点	寄生性の怒り思考の利点	寄生性の思考に 異議を唱えることの利点
短期的	衝動的にむかっ腹を立てたり，喧嘩を始めたりすることで，即座に怒りを軽減させることができる。	賢明な選択肢を活かし，現実的な観点を拡張・維持する新たな方法を学んで実践するようになる。 衝動的に行動することや，そうした行動で破壊的結果を招く可能性を回避する。 観点を広げ，その問題に関する現実的な優先事項を実行に移す。
長期的	まことしやかな短期的報酬が繰り返しもたらされる以外，意味のある長期的利点はない。	望ましくない状況に直面した際に，優れた自制感覚を発揮する。 寄生性の思考を制限する能力が向上する。 不公正な状況に対する自然な怒りを建設的に表現し，相応にそれを行なうことが，それまでより自由にできるようになる。 否定的な思考（反芻）や破局化の期間が長引いたり，ストレス・ホルモンの急増で何度も自分の体を痛めつけるなど，望ましくない影響の期間が長引いたりするのを避ける可能性が高まる。

　今度は，あなたがこの方法を使って，寄生性の思考法から寄生性を抑える方向に流れを切り替えてみる番です。

短期的観点と長期的観点からあなたが行なう
寄生性の怒り思考に関する調査

　寄生性の怒り思考と，その思考に異議を唱える方法について，これまでにどんなことを学び取りましたか？　その内容について考え，あなたの観点からふたつの考え方の利点を以下の表に書き入れましょう。

観点	寄生性の怒り思考の利点	寄生性の思考に 異議を唱えることの利点
短期的		
長期的		

　より長期的な観点から捉えることで，手早く怒りを軽減しようとする衝動的な行動を避けられるようになり，視野の広がりが寄生性の怒りの再発回避に役立つようにもなります。

面白おかしく誇張する：
非難に関する信念にどれだけの価値がある？

　寄生性の怒り思考について，自分自身を笑いものにするのは，あまり感心できることではありません。しかし，寄生性の信念と目標そのものをからかうことで，得られるものはあるかもしれません。
　そこで，寄生性の怒りを生むあなたの信念を売ろうとしているところだと思ってください。

広告を打つとすれば，「あなたの生活をさらにわくわくさせる30の方法——不可能を求め，うまくいかなければ非難祭りで追い討ちをかけよう。思う存分怒って，その刺激を味わおう」などというのもありでしょう。このようにしたら，広い顧客層に受けて売れ行きが伸びると思いますか？　こうして面白おかしく誇張することで，寄生性思考の価値を別の観点から眺めることができますか？

おどけた誇張に関する実験

　寄生性の怒りを生む要求とその拡張部分は，面白おかしく誇張することで，ユーモラスな見方をすることができるようになります。以下はその例です。

非難に関する信念	売り込み	予想される結果
自分が求めるものは常に手に入れるべきであり，その邪魔をする者は何かと後悔することになるだろう。	要求する人生こそ，最高である。そういう人生から自由になる必要など，さらさらない。寄生性の怒りが，そのカギだ。	寄生性の怒りを生む考え方を売ろうと思っても，なかなか売れるものではない。なんと言っても，非常に多くの人々に，既にその人自身の悪鬼がいて，余分な助っ人は必要としていないからだ。

　今度は，あなたが面白おかしく売り込みをしてみる番です。非難に関する自分の信念をひとつ書き出し，それを売り込むトークを考え，その売り込みの結果として予想されることを書きましょう。

非難に関する信念	売り込み	予想される結果

　忙しく働く寄生性の考えを笑い飛ばして楽しく過ごすと同時に，寄生性の怒りを感じることはできません。

肯定的な観点の3本柱

　ここでは，寄生性の怒りを生む観点に取って代わる肯定的な観点の3本柱，すなわち，客観的な内省，自信に満ちた落ち着き，現実的な楽観主義を見ていきます。

客観的な内省

　怒りを誘発した体験を，客観的なレンズを通して観察し，次に，そのレンズを内面に向けて自分の思考や感情を観察すると，現実と呼ばれるそのわかりにくい状態に対して，より鮮明に焦点を絞ることができそうです。怒りの引き金を引いたもの，怒りの合図，怒りの原因がわかれば，しっかり内省し，寄生性の怒りを爆発させる代わりに，よく考えた上で対応することができます。正確に説明がつけば，不要な怒りを抑え，その問題を本質的な要素にまとめることができるので，事実と分別と知識に基づいた合理的観点を培い，その観点を効果的な行動に活かせるようになる可能性があります。

自信に満ちた落ち着き

　自信に満ちた落ち着きというのは，自己管理できていると感じるときや，自分の周囲のコントロール可能な出来事を管理できていると感じるときの心の状態です。自信に満ちて，落ち着いているときは，自分が直接支配できるのは自分自身だけであることを受け入れ，それに沿った行動をしようとします。自分のために世界は変わるべきだというような要求をすることはありません。これは非現実的だからです。また，人生やさまざまな状況をありのまま受け止め，よい結果を出せるように行動します。自然な緊張は，解決すべき問題を知らせる合図であり，そうした問題の掘り下げには付きものだと認め，思い切ってその緊張と共に生きていきます。柔軟で強力なこの観点をもつようになると，自分の心理的リソースを利用しやすくなり，賢明な自己利益（enlightened self-interest）の追求を進められるようになります。

　自信に満ちて落ち着いた状態になるためのスキルは，不要な怒りに取り組むことと，回避すれば有害になる逆境に選択的に立ち向かうことによって，身につけることができます。自分を誤った方向に導こうとする怒り思考に気づき，それを取り除くことによって，そのような心の動揺に時間を浪費することは減っていきます。

現実的な楽観主義

　自分のさまざまな才能を活かして，寄生性の怒りと闘う新しい方法を今から学ぶことがで

きると信じましょう。そうすれば，現実的な楽観主義者らしい考え方をしていることになります。あなたは現実的な楽観主義者として，事態が動くのを待ったりはしません。肯定的な体験を増やし，否定的な体験を減らす（これも肯定的な行為）機会を，自ら創り出します。

　あなたは，自分が寄生性の怒りを軽減できると信じています。あなたには，そのために必要なスキルを身につける自信があるからです。その信念は，客観的に内省して得たものです。あなたは，この姿勢を維持することで改善が続くと信じているので，この姿勢を変えません。これはまさに，現実的な楽観主義です。

　現実的な楽観主義者であれば，先を見越して対処する傾向が，たいていの人より強くなります。先を見越した対処とは，やがて生じるストレス要因の先手を打つということです。機を捉え，その出来事に備えて心構えをし，できる限りそれを避けるのです（Aspinwall 2011）。肯定的な未来を目ざし，肯定的な未来の目標をうまく達成できるように準備することは，感情面のウェルビーイングに結び付きます（Sohl and Moyer 2009）。

　先を見越した対処とは，否定的なものを減らし，肯定的なものを増やすということです。これは，現実的な楽観主義者のツール・ボックスに入れておくべき有用なツールです。

進歩の記録
（プログレス・ログ）

鍵となる考え：本章でもっとも役立つと感じた考えを3つ，記録しておきましょう。

1.

2.

3.

行動計画：怒りすぎを克服していくためにたどろうと思ったステップを3つ，記録しておきましょう。

1.

2.

3.

実行：その3ステップを実行するためにしようと思っていること（プロセス）を記録しておきましょう。

1.

2.

3.

結果：これらのステップを踏むことで，身につけたいと思っていること──もしくは，強化してきたこと──を記録しておきましょう。

1.

2.

3.

修正点：プロセスの中で変更したい点がある場合，次回は別の方法で行なおうと思っていることを記録しておきましょう。

1.

2.

3.

第 5 章

不公正に
対処する

《不公正》は人を刺激します。そして，それに対する反応としてよく生じるのが，怒りです。しかし，この問題はしばしば，怒りに関する数多くの書物で控え目にしか扱われていません。それでも，人類が誕生して以来，不公正に対する怒りが自然な反応であることに変わりはありません。ただ，現実の不公正や想像上の不公正に対する寄生性の怒りは，自ら招く傷のようなもので，強い苦痛が生じる可能性があります。

では，不公正の世界にちょっと出かけて，解決法を探ってみましょう。ここでは，以下について考察します。

- 不公正のさまざまな側面。たとえば，不公正に対する反感，システムを不公正にする原因，公正システムの種類など。
- 誰が信頼できて，誰が信頼できないかを正確に判断することの重要性と，そのような状況でいかに冷静に対処するかが大きな違いを生む理由。
- 「信頼しながらも確認する」という姿勢の重要性。
- 選択を可能にする言葉遣いをすることによって，「心に潜む寄生性の敵」（寄生性の怒り）と闘う方法。
- 有害で不公正な行為や活動に対応する別の方法をマッピングするための，「7R」行動計画。
- リアクタンス（恩恵を不当に失っているという認識）と怒りと公正さの関係。

不公正という謎
||||||||||||||||||||||||||||||||||||||||||||

　この不公正というのは，いったいなんでしょう？　《不公正とは，ある人物もしくは集団が別の人物もしくは集団に対して行なう，不公平かつ不当で，不合理な行動のことです。こうした行為は最終的に，危害や損害を後者にもたらします》。当然ながら，不当な扱いを受けた側は，それをよく思うことはありません。

　何のせいで怒りの熱が上がったかについて，その例を人に訊ねると，実に多くのストーリーを聞くことになります。そして，その多くは不公正に関連するものです。よくある例をいくつか上げましょう。同僚があなたのした仕事を自分の手柄にして，あなたが望んでいた昇進を手に入れた，車の販売業者が洪水でやられた車であることを言わずに，欠陥車をあなたに売りつけた，家主の管理組合がその権力を乱用したせいで，あなたは生活が苦しくなった，等々。きわめて不公正な状況となると，冷静に受け止めようと思っても，うまくいきません。向けられるべき相手に向けられた冷静な怒り（もちろん寄生性の要素とは無縁の怒り）は適正なものです。

　不公正に取り組むからと言って，あなたは完璧でなくてはならない（すなわち，不公正な行為を一度でもしたことがあってはいけない）わけではありません。あなたには，不公正な出来事と闘う権利があります。その出来事が賢明な自己利益（enlightened self-interest）を妨げる場合はなおさらです（アサーティヴな対応法は，第9章，第10章参照）。同時に，次のふたつのフレーズを憶えておきましょう。「闘いは賢く選択すること」（すなわち，闘う価値のある優先事項に取り組むこと）と，「中には，闘う価値のないものもある」（すなわち，自分の時間とリソースをどう使うかについて，責任ある選択をすること）のふたつです。

　不公正が怒りの中でどのような役割を果たしているのかをさらによく理解するために，このあと，不公正に対する反感，不公正なシステム，公正システムについて掘り下げていきます。

不公正に対する反感

　不公正に対する反感は生物学的な根源に根差すものであり，早くも1歳から1歳半のころには表面化します（Geraci and Surian 2011; Sloane, Baillargeon, and Premack 2012; Wang and Henderson 2018）。たとえ第三者として誰かに対する不公正な行為を見ている場合でも，そのような扱いを受けている人に感情移入し，その人を擁護する気持ちから怒りを感じるかもしれません（Landmann and Hess 2017）。

　タイムマシンに乗り込んで，20万年余も過去に遡ったとしても，やはり不公正に対する原始の反応を見届けることになるでしょう。古代の祖先たちは信頼し合い協力し合う努力をし

て，生き残り，繁栄してきました。不公正な行為は協力し合おうとするその努力を脅かしました。誰かが頑張って入手した食べ物を，なんの働きもしていない別の誰かが相伴にあずかっていたら，脳内の不公正に関する回路が活性化し，不公平を是正しようとする怒りを駆り立てることになるでしょう。

　やがて歴史が記録されるようになりましたが，事実上どの時代にも不公正の例は見つかります。たとえば，17世紀のイギリスの学者エドワード・レイノルズは，人々がごまかしや嘘，もっともらしさを装うことで他者の怒りを買っていると書くことで，不公正な所行を描写しました（Reynolds 1656の種々の項にあるものを整理統合）。

　私たちは，不公平に対して反感を抱く唯一の存在ではありません。有名な《アニマルプラネット局》の番組「ミーアキャットの世界」では，群れを離れていたミーアキャットが盗みを働いているところを見つかり，そのコミュニティでは顔が立たなくなっていました（Bekoff and Pierce 2009）。飼い犬は，別の犬が同じことをして自分より大きな褒美をもらうのを見ると，ずるをされたと思うのか，ストに入ります（McGetrick and Range 2018; Range et al. 2009）。飼育されている茶色オマキザルは不公平な褒美には否定的に反応し，自分への褒美を少なくごまかした人物にその褒美を投げつけます（Brosnan and de Waal 2003）。野生のタイ・チンパンジーは狩りの腕前に応じて肉を分配します（Boesch 2002）。人間にとっても，不公平は胸をえぐられる出来事であり，たいていの人は不公正な扱いを受け入れるよりも，個人的な損害を甘受しようとします（Gabay et al. 2014）。

不公正なシステム

　人間社会の不公正は一般的に，《動機，人を欺くプロセス，不相応な結果》という3つの局面から成っています。ひとつ，広く報じられている例があります。2019年3月，大学入試に関わるスキャンダルがニュースになりました。伝えられるところによると，50人以上の親が我が子を名門大学に入れるために，1万5千ドルから100万ドル以上の金を教育コンサルタントのウィリアム・「リック」・シンガーに支払ったというのです。報道では，シンガーは何件かのケースで，顧客の子どもの替え玉に受験させたそうです。別の何件かのケースでは，運動の苦手な受験生が花形のスポーツ選手のように見えるようにして，大学の運動コーチに賄賂を送り，学生の申請を支持させたとも言われています。

　以下は，親の行動が前述の3つの局面にどう符号しているかを表しています。

　　1．親は，我が子のためにという利己的な気持ちから行動した（動機）。
　　2．親はシンガーを雇い，我が子のためにイカサマをしようとした（人を欺くプロセス）。
　　3．親は，我が子より優れた学生を押しのけることで，自分の子どもが有利になるようにした（不相応な結果）。

こうした不公正な行為は国民の怒りを買いました。

　以下の表は，怒りをかき立てる不公正のタイプと，その例をまとめたものです。アサーティヴな対応法は第9章と第10章で論じます。

不公正なプロセス	例
《敵対的な不公平》	コミュニティの典型的な行動様式，しきたり，規範を無視し，正当に与えられる以上のものを取る。
《えこひいき》	身びいき，政治家とのコネ，その他の不公平な事情によって，不相応な利益を授受する。
《欺瞞》	情報を省略したり誤って提示することによって，他者をだましてメリットや利益を得ようとする動機を隠す。
《イカサマ》	経歴を詐称する，イヤホンを使ってカンニングする，人の業績を自分の手柄にするなど。
《搾取》	自分が不当なメリットを得て，他者にそのつけを回すために，人を操ったり，間違った情報を提示したり，見て見ぬふりをしたり，詐欺を働いたりする。
《隠蔽》	肯定的な公的イメージを保つために，非難をかわして責任を逃れる。自分がしていることのせいで搾取された人物を非難する。

目に見えないゾウを見つける

　有名なロシアの寓話作者イヴァン・クルィロフ（Ralston 1869, 43）は，『知りたがりの男』という話の中で，部屋にいる目に見えないゾウの概念を紹介している。美術館を訪れたある男は，数多くの細かい部分にずっと気を取られていたせいで，部屋にいたゾウを見逃した。彼の友人が，「で，ゾウを見たかい？」と訊くと，男は，「本当にあそこにいたのか？」と答えた。

　欺瞞の世界において，言葉は目に見えないゾウである。つまり，いかにも誠実そうによどみなくまくし立てられると，聞き手はそれによって注意をそらされ，不公正な行為に気づかなくなりかねないということである。言葉の出現は，真っ当なコミュニケーションよりも欺瞞の方に利する新たな道を拓いたのかもしれない（Dor 2017）。

　目に見えないゾウの概念を，あなたはどう使うだろうか？　大きな全体像，実質的に重要なこと，責任をもってなすべきことは何かに焦点を絞ることである。それが，欺瞞に満ちた饒舌を突っ切る最速の道である。

　人を口汚なく罵る作り話には，どうすれば気づけるだろうか？　科学哲学者カール・ポッパー（Popper 1992）は，なんらかの発話を検証できない場合，もしくは，その発話の誤りを立証する（事実に反することを示す）ことができない場合は，それを疑ってかかる

とよいと書いている。たとえば，天使たちが留め針の頭で踊っているとあなたが信じているとき，その誤りを立証できるかどうか調べたくても，どのようにすればその信念を検証できるだろう？　検証することはできない。したがって，その発話は，検証できるまでは作り話である。

　あなたは不公正にどう対応するだろうか？　古代ギリシャの哲学者アリストテレスは以下のように話している。

　　　恐れと自信と欲求と怒りと憐れみ，および，一般的に言う楽しみと苦痛は，いずれも過剰に感じられることも，過小に感じられることもあるかもしれないが，どちらの場合もよいとは言えない。しかし，それらを，適切なときに，適切な事物に関して，適切な人物に向けて，適切な動機で，適切な形で感じることは，中級レベルかつ最上級レベルのことであり，これは徳のもつ特徴である（Aristotle 1999, 27）。

　さて，私たちは部屋にいるゾウをどのように見ているでしょうか？　公正システムを探っていくことで，他者が何を重要だと思っているかを理解し，ゾウのイメージを広げることができるはずです。次は，それを見ていきましょう。

公正システム

　社会的公正システムは，文明化の開始以来ずっと存在していて，集団の成長と共に進化してきました。以下の表は一般的な社会的公正システムを説明するもので，これらのシステムは，行動の指針となり，公正や信頼や協力の脅威となる搾取のリスクを低下させることを目的としています。

公正システム	説明と例
《手続き上の公正（司法）》	争議を解決するための標準約款，法律実務，訴訟手続きは万人に平等である。
《分配上の公正（司法）》	真価に準じ，かつ，社会の最大利益に合わせて，機会，財貨，所有権を分配する。
《平等に関する公正》	公平な条件で，財貨，機会を得られるようにする。スーパーマーケットでの価格は万人共通である。競争するときは，自由に全速力で走ることができる。
《規則に基づく公正》	試合をするときにはルールに従う。
《実用上の公正》	不必要に他者を傷つけることなく，家族や友人に利益をもたらす。好敵手と競っているとき，自分の戦略を明かさない。

公正システム	説明と例
《自己利益からの公正》	自分が公正だと信じる規則を実行する。たとえば，親は十代の子どもには深夜まで出歩くことを禁じる。親はこれを当然のこと，正しいこと，公正なことだと考えるが，子どもの方は，その罰が行きすぎであり不公正だと考える。両者共に正しいのかもしれない。自分が公正だと考えることは，ときに他者の正当な見解とぶつかることもある。

　公正に関する規則や手続きの中には，融通のきくものもあります。ある日，あなたはランチ・ミーティングに15分遅刻したとしましょう。あなたは批判のひとつも受けるだけで済むかもしれません。ただ，遅刻を毎度のように繰り返し，限度を超えすぎれば，それは待っている人たちに対して公正を欠くことになります。

信頼と不信

　この信頼というのは，いったいなんでしょう？　《信頼の置ける行動を取るということは，心を開いて公平かつ道理に適った行動を取るということです。人はさまざまな他者と互いにやり取りをしますが，各対応は，公正ではあっても必ずしも一様ではないものになる傾向があります》。

　第2章で触れた扁桃体という脳の領域は，相手を信頼できるかできないかを感知します。ときには扁桃体をだます人もいますが，扁桃体は第六感あるいは直観力のような働きをし，それは意識的な気づきを超えて存在します。この人は信用できないという第一印象を受けると，たとえそれが間違いでも，その印象を変えるのは難しいでしょう。扁桃体は，変化するのに時間がかかります。

　信頼と公正はどう関係しているのでしょうか？　あなたがこの人なら信頼できると思うようになった相手は，たぶんあなたに対して公正に振る舞っているでしょう。信頼は人々を結束させ，協力を可能にして，人間の生活や人間関係のほぼすべての局面で，きわめて重要な役割を果たします（Lu et al. 2019）。

あなたはどのような人を信頼する？

　自分がよく知っている人たちの中の誰が信頼できるのか，あなたはたぶんよくわかっているでしょう。あなたが信頼している人は，高い割合で以下のような人物だろうと思います。

- 逆境にあるあなたから離れない。

- あなたの利益を守るべく，注意を払ってくれる。
- あなたに対して誠実に振る舞う。
- 気持ちのよい人間関係を維持しようと努力する。
- 信頼できる判断を提示してくれる。
- 合意に従って行動する。
- 分別のある形で権限を行使して行動する。

こうした7要因を相互に満たしているとき，あなたは信頼できる人間関係を築いています。

あなたはどのような人を信用しない？

規範に対する重大な違反があると，不信が助長されます（Haesevoets et al. 2018）。不信は社会不安を煽り，これが，ささいなことを引き金にして怒りや攻撃的反応を引き起こします（Eriksson, Andersson, and Strimling 2017）。

信頼できそうにないことや不公正の存在を感知する能力はきわめて重要であるため，よそものが信頼できるかを評価したり，相手の声調の変化に気づいたり，人の話の真相を判断したりすることに，脳のかなりの部分が関わっています。自分がよく知っている人たちの中の誰が信頼できないのか，あなたはたぶんよくわかっているでしょう。それは，その人たちが以下のような人物だからです。

- 何度か，あなたに対して不公正な振る舞いをした。
- その人のせいで，何度か警戒せざるをえなくなった。
- データとして重要な意味をもつ事柄を，あなたに知られないように，わざと隠した。
- あなたに害が及ぶようなやり方で，あなたに嘘をついた。
- あなたを利用した。
- 二枚舌を使った。
- 合意や約束を破った。
- あとほんの少し努力すればきちんとできたのに，その力がないかのような行動しか取らなかった。

不公正に関するこれら8つの要因は，不信の主要な原因になります。

信頼しつつも検証する

〓〓〓〓〓〓〓〓〓〓〓〓〓〓〓〓〓〓〓〓〓〓〓〓〓〓〓〓〓〓〓

　他者に不信の念を抱いて敵対するより，信頼して協力する方が望ましいのは，後者の方が機能的であり，かつ，ストレスが少ないからです。信頼の置ける人は，頭の中が敵意と皮肉に満ちた信念でいっぱいの人より収入が高く，暮らしの健全さや幸福度も高そうです（Stavrova and Ehlebracht 2016）。しかしながら，やみくもに人を信頼する必要はありません。よく知らない人や不審な動機がありそうな人については，状況をじっくり考え，事実と作り話を切り離し，直感的な印象に頼りすぎないことが重要です（Ma-Kellams and Lerner 2016）。

　第40代アメリカ大統領ロナルド・レーガンは，この現実原則をよく理解していました。退任直前の1989年1月11日に行なった《別れの演説》で，レーガンは信頼と不信について助言しています。「最初は，手加減します。もし相手が言い張ったら，引きます。信頼しつつ，それでも検証するのです。トランプを楽しみつつもカードを切りますよね。やはり細かいところまでよく観察することです。そして，怖がらずに，自分の目に映るものをしっかり見ることです」（ロナルド・W・レーガン大統領の公文書，Ronald Reagan Presidential Library, https://www.reaganlibrary.gov/research/speeches/011189i）

　人を信頼する姿勢の利点は，人に好かれることと，人間関係がよくなることにあります。事実を検証することの利点は，あなたが人の言いなりになる人間ではないことを示すことにあります。それは，強力な組み合わせです。

言葉を使って内なる寄生性の敵と闘う

〓〓

　どのような社会にも，規則や慣例，伝統があります。人にもたいてい，大切な個人的規範があります。中には，「あなたは私に迷惑をかけてはいけない。私は，自分がほしいと思うものを手に入れなくてはならない。あなたは従わなくてはならない。その方が身のためだ」（Buschman et al. 2018; Vîslă et al. 2016）というような要求の形を取るものもあります。

　アルバート・エリスは，公正を不合理に要求する気持ちの中に怒りを見て取り，「正義，公正，平等，民主主義といったものが広く行き渡らなくてはならない」と語っています（Ellis 1977, 43）。以下は，非難拡張の3例です。

- 誰であれ，あなたを欺くのは不公正である。よって，人はそういうことをすべきでない。違反者は厳重に処罰されて当然である。
- 誰であれ，あなたに付け込むのは不公正である。よって，人はそういうことをすべきでない。違反者は厳重に処罰されて当然である。

• 誰であれ，あなたをだまし，あなたが自らに損害をもたらすことをするように仕向けるのは不公正である。よって，人はそういうことをすべきでない。違反者は厳重に処罰されて当然である。

　各例の最初のセンテンスは，いずれも理に適っています。ふたつ目は寄生性の怒りを引き起こしている可能性があります。3つ目は寄生性の観点に基づき，強力な報復的行為を正当化しています。新フロイト派で精神分析医のカレン・ホーニーはこの要求の厳しさを「べき思考の暴挙」と呼んでいます。要求する側は，こうした主張は理に適っていると思っています。しかし，そのような対応は，それを誘発した状況と釣り合いが取れていません（Horney 1950）。

　厳しい要求をしようと奮い立っている場合は，これから紹介する3つの質問を自分に問いかけることによって，思考を落ち着かせた上で，釣り合いの取れた対応をすることができるようになります。

事態を明確にするための3つの質問

　カァーッと熱くなって厳しい要求をしようと考えていると，自分の体にストレスを与えると同時に心も混乱させるリスクを犯しています。おそらく大局を判断する力も失っています。以下の3つの質問と回答例は，あなたの賢明な自己利益と提携している選択肢を広げてくれるはずです。

事態を明確にする質問	回答例
公正を厳しく要求することは，私の建設的な自己利益と目標の達成の支えになるだろうか？	公正の要求は，非難拡張思考の前触れとしてよく発生し，怒りのせいで思考が曇ることにもなる。この考え方に陥ると，通常，自分の肯定的な目標から注意がそらされる。
公正を厳しく要求することは，他者との健全な人間関係を育むのに役立つだろうか？	非難拡張思考によって表出する怒りは，他者に支えてもらう機会を減らす可能性がある。あなたは不愉快な人物だと受け止められるかもしれない。
公正を厳しく要求することは，釣り合いの取れた対応につながるだろうか？	厳しい要求をしようとすると，焦点が期待に絞り込まれるため，それが妨害されると，さらに怒りを増大させる可能性がある。

　厳しい要求の罠にはまっている自分に気づいたら，そこから脱け出すことはできるのでしょうか？

選好言語を使って怒りを減らす

「物事はこの私のやり方で進めるべきであり，この私は公正に扱われるべきだ」という点を厳しく要求し，期待し，主張することは，寄生性の怒りを爆発させる導火線になります。自分にはその資格があると考えていると，あなたと同じ見解をもたない人との関わりでは，ブーメラン効果を体験することになりそうです。

選好思考（preference thinking）とは，たいていの人がどういうことを望むかということで，たとえば，公正かつ公平に扱われたい，人にだまされないでいたい，互恵関係を結びたい，信頼し信頼されたい，協力したいなどという思考のことです。この選好思考で使われる言語，すなわち選好言語（preference language）は，《～すべきだ，～しなくてはならない》という言葉遣いとは異なります。選好思考では，何を《望み，好み，選択する》かを考えます。

それぞれで用いられる言語は，それぞれの価値観を表しています。要求の価値観と選好の価値観は，同じ状況について，それぞれ異なる感情を引き起こすきっかけになりえます。次の表に，その相違が示されています。

要求の価値観	選好の価値観
～を（当然のこととして）期待する	～の方を好む
～を要求する	～を望む
～（し）なければならない	～を希望する
～（する）必要がある	～を好む
～（す）べきだ	～（するの）を認める
～と言い張る	～を考慮する
～（するの）が当然である	むしろ～（する）方がいい

要求の言葉と選好の言葉の違いを感じ取ることができますか？

選好思考を実践する

　第2章で，3つの無条件での受容——自分自身と他者と人生を受け入れること——について論じました。受容は，他者に責任を取らせる権利を減じることなく，寄生性の怒りを和らげることが理解できたはずです。ここでは，要求思考と選好思考が感じ方や行動にどのように影響するかを探っていきましょう。

　あなたはあるレストランで仕事関係の知人数人と会うことにしていました。あなたは約束のレストランに来ました。彼らは来ませんでした。あなたはまず，「連中は自分に連絡もしないでどこか別の場所に行ったのだろう。自分に対して，こういうことは《すべきではない》」と思いました。さらに，《連中は不公正で，配慮を欠いている。失礼千万な悪党め。毒グモにでも刺されるがいい》というようなことを考えて，非難を拡張します。

　選好思考の場合は，状況はシンプルなままです。あなたは結論に飛びつくことはなく，非難を拡張する思考や復讐の衝動を回避します。以下の表は，要求という視点からの思考と選好という視点からの思考とを比較したものです。

要求思考	選好思考
人々は私を公正に扱わ《なくてはならない》。でなければ，彼らは最低の人間であり，厳しい罰を受けても当然だ。	私は公正に扱ってもらう《方がいい》。不当に扱われるのは気に入らない。それでも，そういうことになったからと言って，この世界が終わるわけではない。
友人たちが新しい計画を立てたが，私はその計画から外された。そんなのは不当だ。彼らはそういうことをしては《いけない》。	新しい計画に私も入れてくれたら，その方が《望ましかった》。けれど，それは，彼らがそうし《なくてはならない》という理由にはならない。
不当にも私を食い物にしようとしている連中は，永遠に苦しんで当然だ。	世の中にいるのが公正な人たちばかりならいいのにとは思う。しかし，現実はそうはいかない。そうした問題に気づいたら，それらに取り組もうと思う。

　要求思考が作動しているときは，責任を外部に求めています。寄生的に自分自身に向かって怒っていて，さまざまな感情が湧き上がる中でやきもきすることもありそうです。自分がこんな苦しみを味わうことを，他者は当然だと思っているに違いないと，あなたは考えますが，その苦しみは，まさに自分で自分に与えているのです。それは自分自身にとって公正なことですか？　おそらくそうではないでしょう。不公正と不当に気づき，それらを嘆く傾向が高まり憤激するというリスクを，あなたは冒しています。憤激する傾向は，あなたの価値基準を歪める可能性があり，順応性の働きを妨げて健康を害する可能性もあります。さまざまな体験に心を開いた状態を保ち，新たな肯定的体験を探求しようと自分自身に言い聞かせ

ることが，憤激の無効化に役立ちます（Muschalla and von Kenne 2020）。

　選好思考は，憤激思考の対極にある受容的価値観と共存できます。選好思考をしている場合，他者の不当で不公正な行為を嫌うかもしれませんが，出来事の意味を誇張して復讐しはじめることはありません。要求思考と怒り関連の感情に誘導された場合には復讐に至ることがあるかもしれませんが，選好思考では，それはありません。

　選好思考をすることによって，不当な待遇を是正しつつ真意を主張することができます。しかも，おそらくこれまでより効果的に，そうすることができるでしょう。それは，自らに柔軟になることを認めるからです。

┌─────────────────────────┐
│ **あなたが行なう対比実験** │
└─────────────────────────┘

　怒りを誘発するような状況に陥り，厳しい要求を伴う怒りがこみ上げてきたら，自分がどのような独り言を言っているかを憶えておきましょう。あとで，その状況に関する要求思考と選好思考を対比させる表を作成してください。あなたの気質では，いずれの思考の方が楽ですか？

対比表	
要求思考	選好思考

この表は，http://www.Newharbinger.com/44321 でダウンロードできますから，コピーを用意しておきましょう。この実験は，数回やってみてください。

　もしあなたが視覚優位でものを考えがちなタイプなら，次の《最悪な三角形》と《最高の三角形》は，要求思考と選好思考による結果を比較する方法として，とても憶えやすいものだと思います。

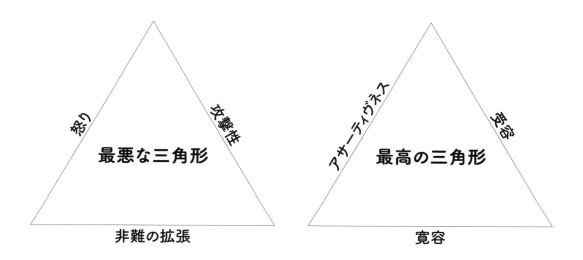

　要求思考と選好思考の対比を練習することで，何事かが起きたときに選好思考をして怒りの増大を回避しようとする前向きの方向に進む準備ができるようになります。第9章と第10章でアサーティヴネスを学び，それを活用できるようになれば，《最高の三角形》の考え方について，自信を高められるのではないかと思います。

「7R」行動計画

　不公正と怒りのつながりに関する章であるからには，不公正に対する行動的反応に触れないわけにはいきません。こうした反応の多くは，7つの「R」に集中して発生しています。7つの「R」とは，レスポンス・コスト（Response cost：有害な対応に課せられる代価），リベンジ（Revenge：被害者自身が恨みをはらすためにする憎悪に満ちた復讐），リタリエーション（Retaliation：対抗手段としての仕返し，報復），レトリビューション（Retribution：懲罰），リゾルヴ（Resolve：解決する），レクティファイ（Rectify：是正する），レメディ（Remedy：救済する，軽減する），の7つです〔各英単語の最初のアルファベットが「R」であることから，7つをまとめて「7R」としている〕。最初の4つは一方の側に，残り3つは他方の側に属します。これら7つについては後述します。

　不公正は何千年もの間に進化を遂げました。今日のものがどれだけ複雑かを知ったら，最初

の人類は腰を抜かすことでしょう。今日では，誰かが故意に不公正な振る舞いをしてあなたを傷つけた場合，あなたには，取り組まなくてはならない不公正がもうひとつ生じます。つまり，相手が引き起こした不当な行為の是正にも取り組むことになるということです。元々の不公正がなければ，自分が作り出したわけでもない問題を解決するために時間とエネルギーを注ぎ込む必要はありません。物事はなるようにしかなりません。

　意図的に行なわれた不当行為を是正するために余計な努力をしなくてはならないというのは，不公正でしょうか？　もちろん，そうです。不公正を受けたことを気に入る必要はありませんが，それを受け入れましょう。そうすれば，是正に取り組んで当然だとされる立ち場に自分自身を追い込むのを避けられます。

　以下の囲みに，あなたが異議を唱えたいと思っている不公正について，書いておきましょう。次に，「7R」行動計画を見ていきますが，その状況を頭に入れて読み進めてください。

適切な「R」を見つける

　以下の「7R」行動計画表は，不公正な行動に対する「7R」行動，すなわち，反応の選択肢を一覧にしたものです。上記の囲みに書いた具体的な不公正について，行動を選択して——現在は行動を起こさないという選択肢も含めて——反応する際に，この表を役立てましょう（表は，http://www.newharbinger.com/44321でも入手可）。

「7R」行動計画

《R》反応
《レスポンス・コスト（Response Cost）》：有害な行動が繰り返されないようにするために，相手に代価を課すこと。目的は，その行動を中止させることである。レスポンス・コストは，行動を思いとどまらせるには十分だが，それ以上のことは望めない。
《リベンジ（Revenge）》：被った損害への対応として，個人もしくは集団に対して行なう憎悪に満ちた復讐行為。相手の車をキーでこすって傷つけたり，窓からレンガを投げ入れたりするなど，法律や社会規範を無視して行なわれる復讐は「無謀な正義」である。
《リタリエーション（Retaliation）》：被った否定的な行動に《対抗して》報復すること。戦争では，同等もしくはそれ以上の攻撃で反撃する。個人レベルでは，自分に向けられた悪口や悪行に対して仕返しをする。

94

《レトリビューション（Retribution）》：法的に定められた懲罰。被害者や社会の正義を保証するために，罪の程度に応じて課せられる。これは司法の役割である。

《リゾルヴ（Resolve）》：問題をその構成要素に分解して，行動方針を決定し，再発を防ぐ。

《レクティファイ（Rectify）》：何かを正しく設定したり，バランスを回復させたり，ある状況を元の状態に戻したりするために行動する。自らの合理的満足を目ざして不公正を正そうとする行為。

《レメディ（Remedy）》：被った傷の救済を求める。

　　ハットフィールズ家とマッコイ家の間で繰り広げられた血で血を洗う有名な抗争〔訳注：19世紀に実在した両家の対立は，相手との激しい争いを表す隠喩となっている〕は，憎悪が駆り立てた無謀な正義の痛ましい悪循環を示しています（Jones 1948）。どこまですれば満足するのでしょう？　復讐（リベンジ）することで緊張を緩めようとしても，気分はさらに悪化しそうです（Carlsmitn, Wilson, and Gilbert 2008）。また，懲罰（レトリビューション）を選択する場合，状況によって，懲罰がほろ苦いものになることを憶えておきましょう（Eadeh, Peak, and Lambert 2017）。中には当事者間で解決できるものもありますが，裁判所に任せるのが一番というものもあります。

反応する前にじっくり考えるべき問題

　　不公正な状況で取りうる行動がいくらかでもあるとしたら，その行動内容を判断するとき，以下の2点を考えると役立ちます。最初の質問は，あなたが何を成し遂げたいと思っているかについてです。ふたつ目は，あなたがどういう方法を選ぶかについてです。

　　先ほどあなたが書いておいた不公正な状況に対する反応について，あなたの目標と方法（プロセス）を，以下の表に書き入れましょう。

あなたが成し遂げたいと思っている建設的なことはなんですか？　（自分にそれができるかどうかをよく考えましょう）
どのような方法を選びますか？　（自分が属するコミュニティの規範の内に留まっているかどうか，はみ出そうとしているかどうかをよく考えましょう。もし後者なら，その方法を使う場合のリスクについてよく考えてください）

あなたはどの「R」を選ぶ?

　7つの「R」反応を学び，上記ふたつの問題をじっくり考えたあなたは，もうそのスキルを行動に移す準備ができています。今度，「R」反応のいずれかが必要な状況に陥ったら，《私が成し遂げたいと思っている建設的なことはなんだろう?　どんな方法を選ぼう?》と自問しましょう。なんらかの行動を取ることにした場合，7つの「R」のどれが，もっとも賢明な反応の仕方でしょうか?　以下の表にそれを記録し，それを選んだ理由とその実践方法も書き添えましょう。

望ましい「R」行動	選択理由	実践方法

　あなたは，種々の不公平に恨みを抱き——ひょっとしたらそれらを心に溜め込んで——自分自身を苦しめていませんか?　そうした問題について何を選択するかを決めるときは，第2章で学んだスキルの重要性を考えましょう。ひとつは，自分が非難を拡張する思考に陥っていないかしっかりチェックすること，もうひとつは，起きてしまったことは，もう起きてしまったのだから受け入れることです。それでもやはり不信は残るかもしれません。自分をひどい目に遭わせた相手とはもう関わらずにいたいと思うかもしれません。しかし，言うなれば自分自身を蝕むようなことは少なくなり，重要かつ肯定的な事柄の追求に注ぐエネルギーが増えるようになるでしょう。

リアクタンスと怒りと公正さの関係

　《リアクタンス》とは，基本的人権による自由と権利を喪失することに対して，不快な認知や感情が生じ，脅威と闘いたくなったり，権利を回復したくなったりすることです（Brehm and Brehm 1981）。自由や権利の危機や喪失に際して怒りがこみ上げてきた場合，それは《リ

アクタンス・アンガー》です。

　人は年齢に関係なくリアクタンスを経験します。自家用車を使わせてもらえない十代は，損失が大きすぎると感じると，そんなのはフェアじゃないと言い，リアクタンス・アンガーを経験します。ある特定の考え方や行動の取り方を強要されたら，あなたもリアクタンス・アンガーを味わうかもしれません。たとえば，選挙で選出された議員が，あなたの飲める炭酸飲料の量を義務付けたとしたらどうでしょう。リアクタンスは，間違った理由を反映することもありえます。たとえば，あなたは前糖尿病状態なのに，その健康情報が自分の自由とアイスクリームへの欲求を脅かすという理由で，それを無視するというような場合です。

　リアクタンス・アンガーは，なんらかの行政機関があなたの自由を取り上げる恐れがあるときにも生じる可能性があります（Rosenberg and Siegel 2018）。以下の例を考えてみましょう。

- あなたは住宅所有者組合のあるコミュニティの住人で，この組合を取り仕切っているのは，やたらと管理して抑圧したがる人たちである。もしこうした仕切り屋のやり口の対象になったら，リアクタンス・アンガーを経験する可能性が高い。
- ロード・アイランド州の州議会は仰々しい消費者保護法を作ったが，裁判による詐欺被害者の公正な扱いを妨げる条目を追加した（Carter 2009, 17）。権利の否定は，落胆とリアクタンス・アンガーのよくある原因である。
- ニューハンプシャー州の「知る権利に関する法律」（サンシャイン法としても知られている情報公開法）は，公文書を一般に対して直接公開しているが，法律に欠陥があるため，数多くの地方自治体がその欠陥を利用して情報へのアクセスを妨げ，自らの所行を隠している。このような不公正が慣例となっているため，ニューハンプシャーのサンシャイン法には暗雲が立ち込め，その悪影響を受けているニューハンプシャーの住民にはリアクタンス・アンガーが発生している（http://righttoknownh.wordpress.com/）。

　不公正に対する《第三者リアクタンス》は，怒りを引き起こしうる要因です。誰にでも知る権利のある情報へのアクセスが，行政府の役人によって不当に妨害されるなどの不公正な慣行に，あなたは気づいていなかったかもしれません。それまで気づいていなかった不正に気づいたとき，あなたはリアクタンス・アンガーを体験する可能性があります。残念ながら，不公正な所行が一部の人に知られても，当事者はそれらが丸見えにさえならなければ，骨身にまでこたえることはないかもしれません。たとえば，子どもの虐待や身体障害者に対する搾取などがその例です。

　不正な行為について腹立たしく思うことがあったら，システムを公正なものにする方法を追求する有志者の権利擁護団体に加入しましょう。これは，有害な不公平に対する自然な怒りを管理する建設的な方法です。

進歩の記録

（プログレス・ログ）

鍵となる考え：本章でもっとも役立つと感じた考えを3つ，記録しておきましょう。

1.

2.

3.

行動計画：怒りすぎを克服していくためにたどろうと思ったステップを3つ，記録しておきましょう。

1.

2.

3.

実行：その3ステップを実行するためにしようと思っていること（プロセス）を記録しておきましょう。

1.

2.

3.

結果：これらのステップを踏むことで，身につけたいと思っていること――もしくは，強化してきたこと――を記録しておきましょう。

1.

2.

3.

修正点：プロセスの中で変更したい点がある場合，次回は別の方法で行なおうと思っていることを記録しておきましょう。

1.

2.

3.

第 **6** 章

心身関係から
解決する

　朝，目が醒めると，気分が冴えません。心は自動的に原因を探します。昨夜，ひいきのスポーツ・チームが審判の誤審のせいで負けました。それが理由に違いありません。あるいは，先週ホームセンターで出会った腹立たしい店員のせいかもしれません。原因だと思うことについて考えていると，動揺のレベルが上がってきます。そして，「ストレス－怒り－ストレス」のサイクルに陥ります。

　体がストレスを感じているとき，この不快な感覚は，怒り思考を誘発するきっかけとなる可能性があります。体がリラックスしていれば，心はその感じ方に従います。本章で見ていく方法は，体を鎮めた上で現実に即した肯定的な考えを促進し，上記のサイクルを断つことを目ざすものです。具体的には，以下を掘り下げていきます。

- 「ストレス－怒り－ストレス」のサイクル。初期段階の警告としてストレスを活かす方法や，自分のストレス指標を下げることで怒りを軽減する方法など。
- 体を鎮める戦略。穏やかな風景，漸進的筋弛緩法，深呼吸など。
- 睡眠の質を改善し，不要なストレスや怒りの発生リスクを下げる方法。
- 冠状動脈性心疾患（CHD）に関連する怒りの要因と闘う方法。

「ストレス－怒り－ストレス」サイクル

　誰しも数多くの「感情」高速道路を走ります。行き着く先は,「不安」町のこともあれば,「幸福」岬のこともあります。地図を見れば,「悲哀」町への道も見つかるでしょう。「立腹」村に向かう高速道路もあり, この村には, はっきりした特徴のある分譲地があります。

　もしあなたが, 言うなれば「立腹」村に居を構えているとしたら, ストレスに対するあなたの耐性は低く, ささいなことでも怒り出します。自分が味わっているストレスをすぐ, 当たり前のように人のせいにして, 他者を非難します。この状態は,「ストレス－怒り－ストレス」サイクルの動きをあなたが弱めるか終わらせるまで続きます。

　「ストレス－怒り－ストレス」村の分譲地にいるあなたは, 1本の道の両側を同時に歩きます。生物学の側では, 不快な感覚が怒り思考を誘発します。まず, その感覚の原因は自分自身の外側にあると考えるかもしれません。たとえば, 先週出会った不愉快なよそ者のことを思います。しかし, お門違いの非難をしていませんか? 　ひと晩よく眠れなかったせいで, 体がいつもの調子ではなくなっているのかもしれません。あるいは, 空腹なのかもしれません。怒りは, 空腹のよくある副産物です (MacCormack and Lindquist 2019)。概日周期の最悪の時期にあるということも考えられます。

　あなたの分譲地では, 否定的な身体感覚は否定的な思考を活性化します。この状態になると, あなたは部分的に道の生物学側を歩き, 部分的に道の認知側を歩きます。ストレスがかかると, あなたの生物学的状態は怒り思考の引き金を引き, あなたは外界の原因に注意を向けます。これはたいていの人がすることです。連れ合いをばかだと罵り, あいつのせいで腹が立つと考えます。もしあいつが賢ければ, 自分は腹が立つこともないのに, と思うのです。

　ここで起きていることを説明しましょう。あなたは図らずも, 問題の上に問題を重ねています。ストレス感覚を解釈することで, さらにストレスを助長し,「ストレス－怒り－ストレス」サイクルを煽っているのです。生物学的なストレス信号の引き金を動かないようにすることで, この情報をサイクルの中断に活かすことができます。しっかり睡眠を取り, 十分な食事を摂り, 適度な有酸素運動をし, 説明のつかない否定的な感覚は一時的なものだと認めれば, 非難の外在化によってストレスを増幅させるリスクは下がります。

　情動ラベリング（第1章）や認知的再評価（第2章）も役立ちます。怒りを感じる前にストレスを感じたら, その感覚に「ストレス」と名前を付けましょう。そうすることで, 一歩前進することができます。一食抜いたとか寝足りないなど, 怒りの生物学的原因を特定することが肝心です。仕事に大きなストレスがかかった状況なども, 生物学的状態を変化させる可能性があります。これらのことを理解していると, 認知的再評価に新たな視点が加わります。

　ストレスに対する怒りを感じたら, その感覚に「ストレスに対する怒り」と名前を付けましょう。このようにして観点を変えることによって, 扁桃体を鎮めることができます。

ストレスの増大

　米国心理学会（APA）の調査によると，米国では，10年以上前からストレスの増大が続き，最近では高いレベルで横ばい状態になっていると言われています。APAは年に一度の「アメリカのストレス」調査を後援しています。2017年の調査では，回答者の80％が，調査前の1ヵ月に少なくともひとつ，ストレスのかかる重要なイベントがあったと報告し，そのストレス・レベルは平均で，10段階の「5.1」と答えています（レベル1＝「ストレスがゼロ，もしくは，ほとんどない」，レベル10＝「きわめて大きなストレスがかかっている」）。また，回答者の35％が苛立ちや怒りの感情を報告し，45％が，睡眠障害があると答えています（APA 2017）。こうした数字は早急に対処が必要なことを示しています。

　上記と同じスケール（レベル1＝「ストレスがゼロ，もしくは，ほとんどない」，レベル10＝「きわめて大きなストレスがかかっている」）で，過去1ヵ月の自分のストレス・レベルを，あなたはどう評価しますか？　以下の表にその評価を記録しましょう。また，その理由はなんですか？

ストレス・レベル（1-10）	理由

　あなたのストレス・レベルはモニターする価値があるでしょうか？　もし評価が「4」以上で，それが持続しているのであれば，モニターする価値はあるかもしれません。持続性のストレスや慢性のストレスは，「ストレス－怒り－ストレス」サイクルに陥るリスクを高め，良質の社会的人間関係を損ない，感情面でのウェルビーイング感覚を低下させ，今ある健康問題を悪化させ，将来，健康問題が発生するリスクを高める可能性があります。

ストレスのコップ

　以下のイラストのコップに入っている液体は，一般的なストレス・レベルを表しています。コップから液体があふれると，ストレスはなんらかの反応——通常は怒り——に変わります。あなたの現在のストレス・レベルは，以下の3つのコップのどれにもっとも近いですか？

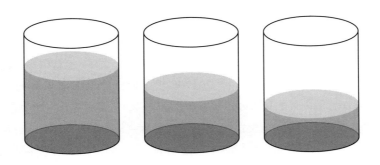

　もし左側のコップがもっとも近いなら，あなたは不快に感じているイベントに関して，妥当と言える以上にくよくよ悩んでいるかもしれません。問題を誇張して，それらを悪化させているかもしれません。そのコップに怒り思考を加えると，トレイ一杯の氷を加えたのと同じような状態になります。つまり，液体はコップからあふれ出るということです。

　中央のコップがもっとも近いのなら，あなたはおそらく，このくらいであってほしいと自分で思っている以上に，ストレスを抱えているのでしょうが，あなたには，遅かれ早かれ立ち直るだけのレジリエンスが備わっています。難しいのは，問題を実際以上に誇張することなく，正しく捉えつづけることです。

　右側のコップの場合はまだたっぷり余裕があるので，さらに欲求不満やストレスが生じても大丈夫です。あなたは，「金持ちはさらに金持ちになる」的な状況のひとつにいて，ストレスから身を守る必要はあまり感じていません。逆説的になりますが，さまざまな状況をより効果的に管理し，よりよい結果を出し，のちに対処を必要とするストレスは減っていく可能性があります。

　以下のグラスには，あなたのだいたいの「ストレス－怒り」レベルを書き入れましょう。左のコップには，今の状態を，中央のコップには，今から2ヵ月後にそのレベルがどうなっていてほしいかを，右のコップには，今から6ヵ月後にどうなっていてほしいかを書いておきます。視覚に訴える形で目標を掲げることが役立つかどうかをチェックしましょう。

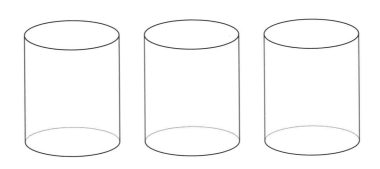

　よい面もお伝えしましょう。コップのどのような状態が今の「ストレス−怒り」レベルを示しているにせよ，現実の出来事や想像上の出来事に関する強烈な怒りの思考を追加する必要はないという点です。いったん寄生性の思考の本質を見抜けば（ちょうど透明のコップの中身がよくわかるのと同じで），別のレンズを選べるようになります。

体を鎮める

　穏やかに鎮まっている体は，穏やかに鎮まっている心の働きを反映し，その逆も同じです。体を鎮めることによって，心を鎮めることができ，寄生性の怒りによるストレスを減らすことができます。穏やかな風景，漸進的筋弛緩法，深呼吸は，体を鎮めたのちに心も鎮めるのに役立ちます。

穏やかな風景

　自然の風景に触れると，大脳を刺激してストレスを軽減することができ，ストレスによる身体的影響の緩和を助けることができます（Twedt, Rainey, and Proffitt 2019）。もっとも大きな恩恵を得るのは，ストレスの軽減をもっとも必要としている人です（Beute and de Kort 2018）。鎮静化に役立つ穏やかな自然の風景には，以下のような特徴があります。

　　1．青空
　　2．緑の野原
　　3．水
　　4．人間の慌ただしい動きがない
　　5．安全な場所から眺めているという感覚が生じる

　穏やかな風景は写真や絵画にも見つかりますし，そうした場所を想像しても（そうした場所に実際にいても）構いません。1日にほんの5分ほど，穏やかな風景を眺めることで，ストレスを減らし，健康によい効果をもたらすことができるようになります。
　ここで実験をしてみましょう。次の7日間，1日に少なくとも5分，穏やかな風景を眺めましょう。眺めたあと，自分のストレス・レベルを評価します。違いがあるでしょうか？
　穏やかな風景をじっと見つめたあと，自分のストレス感覚にもっとも近い欄にチェックを入れてください（レベル1＝「落ち着いている」，レベル7＝「強いストレス」）。

ストレス・レベル

*日目	1	2	3	4	5	6	7
1							
2							
3							
4							
5							
6							
7							

　スケールは，この方法に効果があるかどうかを確認するための大雑把な目安として使ってください。

　肯定的な違いに気づいたら，この実験をさらにもう一歩進めます。穏やかな風景の実験から，何がわかりましたか？　以下はその例です。

わかったこと
自分が，毎日5分以上，穏やかな風景をちゃんと見つづけられたことがわかった。
怒りがこみ上げはじめたら一歩下がり，穏やかな心ならどう反応するだろうと考えることができるし，既にこれを実践しはじめている。

　今度はあなたが，7日間の実験をしてわかったことを書く番です。

わかったこと

　癒し系の音楽や自然の音——たとえば，小鳥のさえずりを背景に流れ落ちる石清水（いわしみず）の音など——も，否定的な感情の高まりを和らげるのに役立つでしょう（Yu et al. 2018）。

漸進的筋弛緩法

　リラックスすると同時に緊張することは不可能です。異なる神経系が緊張とリラクセーションをそれぞれ司っているからです。《交感神経系》は闘争・逃走反応を発生させるために動員されます。《副交感神経系》は休息と消化を管理します。

　アメリカの内科医エドマンド・ジェイコブスン（Jacobson 1938）は，副交感神経系を活性化させて緊張を軽減するための筋弛緩法を開発し，行動療法家のジョセフ・ウォルピ（Wolpe 1973）はこの方法に手を加えて，不安を軽減する方法を開発しました。漸進的筋弛緩法は，情動喚起の軽減（Vergara 2020），落ち着きの創出（Stevens et al. 2007），ストレス軽減（Gao et al. 2018），睡眠の改善（Alexandru et al. 2009）について，科学的に支持されています。

　漸進的筋弛緩法は通常，気の散らない居心地のよい場所で，安楽椅子に座るか，長椅子に横になるかして行ないます。進め方は，一定の順序に従って，いっときにひとつの主要筋肉群をぴんと張り（緊張させすぎないで），緩めます。私としては，各筋肉群を約4秒緊張させたあと，4秒緩めるというやり方が効果的だと思っています。以下に紹介するのは，筋肉を順に緊張させ緩めていく25のシーケンスで，全体では3分半ほどかかります。

　各筋肉群に8秒ずつかけて進めていくやり方には，深呼吸のエクササイズを組み合わせて，さらに効果を上げるという目的もあります。深呼吸のテクニックについては，次の項目で見ていきましょう。

　以下のエクササイズは，http:///www.newharbinger.com/44321でダウンロードできます。

漸進的筋弛緩法の実験

　筋肉群の緊張と弛緩の順序には，正解はありません。顔から始めて，順次つま先に向かってワークを進めることもできれば，逆の順序で進めることもできます。別の順序を工夫してもいいでしょう。重要なのは，所定のパターンに従って行なうことです。

　もっとも高いリラクセーション効果が得られるのは，顔と首の筋肉の緊張と弛緩です。それでは，顔から始めることにしましょう。

- 額にしわを寄せてください。額の筋肉を緩めましょう。
- 『不思議の国のアリス』のチェシャ猫のように，ニッと笑った顔をしてください。頬の筋肉を緩めましょう。
- 唇を下向きにギュッと締めて，しかめ面をしてください。唇の筋肉を緩めましょう。
- 口をしっかり結んであごに力を入れてください。あごの筋肉を緩めましょう。
- 目をギュッとつむってください。まぶたの力を抜きましょう。
- 舌を口蓋に押し当ててください。舌の力を抜きましょう。

- あご先が胸に付くくらいまで顔をそっと前に倒してください。首の筋肉を緩めましょう。
- 頭をうしろにそらしてください。首の筋肉を緩めましょう。
- 顔を右に向けてください。首の筋肉を緩めましょう。
- 顔を左に向けてください。首の筋肉を緩めましょう。
- 両手をそれぞれグッと握ってゲンコツを作ってください。手の筋肉を緩めましょう。
- 手首を下に向けて前腕に力を入れてください。手首と前腕の力を抜きましょう。
- 上腕二頭筋〔訳注：力こぶ〕に力を入れてください。上腕二頭筋を緩めましょう。
- 両腕を伸ばして上腕三頭筋〔力こぶの裏側〕に力を入れてください。上腕三頭筋を緩めましょう。
- 肩をすくめて力を入れてください。肩の筋肉を緩めましょう。
- 肩を後方にそらせてください。肩の筋肉を緩めましょう。
- 肩を前方に引っ張ってください。肩の筋肉を緩めましょう。
- 背中を弓なりにそらせて背中の筋肉に力を入れてください。背中の筋肉を緩めましょう。
- 胸の筋肉に力を入れてください。胸の筋肉を緩めましょう。
- 太鼓腹のようにおなかを突き出してください。おなかの筋肉を緩めましょう。
- おなかをグッと引っ込めてください。おなかの筋肉を緩めましょう。
- お尻にキュッと力を入れてください。お尻の筋肉を緩めましょう。
- 太腿に力を入れてください。太腿の筋肉を緩めましょう。
- つま先を向こうに倒して，ふくらはぎの筋肉に力を入れてください。ふくらはぎの筋肉を緩めましょう。
- つま先を手前に起こして，むこうずねの筋肉に力を入れてください。むこうずねの筋肉を緩めましょう。

深呼吸

　深呼吸は，研究に支持されている認知行動療法（CBT）の方法のひとつで，副交感神経系を活性化させることによって心身を落ち着かせる効果があります。深呼吸は，リラクセーションや肯定的な気分，ストレス低下を示す生物学的尺度と関連しています（Perciavalle et al. 2017）。このリラックス状態は，意思決定の向上とも関連しています（De Couck et al. 2019）。

　深呼吸しても，問題は解決しません。しかし，明晰な思考の土台を作り，距離を置く方法の役割を果たしえます。

最高の助言：呼吸を活用して，明晰な思考を目ざす

　アメリカ専門心理学委員会(American Board of Professional Psychology: ABPP)のジョエル・ブロック博士はニューヨーク州ロングアイランドの心理学者であり，『The 15-Minute Relationship Fix: A Clinically Proven Strategy that Will Repair and Strengthen Your Love Life（ふたりの関係を決める15分－あなたの愛情生活を修復して強化する臨床的に立証された方法)』(Block 2018) を含む，21冊の書籍の著者でもあります。博士は深呼吸を，怒りに対する最高の対処法として提示しています。

　息を止めると，血中の二酸化炭素が増え，鎮静効果が高まります。息を吸い込むと，その呼吸が副交感神経系を活性化し，心身を鎮静化します。

　鎮静化の後押しをしましょう。まず，気の散るものがなく，ゆったり腰を下ろせる居心地のよい場所を見つけます。そこに腰を下ろし，目は閉じてください。肩を前からうしろへ，うしろから前へと回して，緊張をほぐしましょう。その後，「平穏」という言葉について考えます。

　以下は，あなたのための「3ステップ深呼吸」です。

1. 4つ数える間（4秒間）大きく息を吸い込み，おなかを膨らませます。
2. さらに4秒間，息を留めています。
3. ゆっくり息を吐き出しながら，4つ数えます。

　3ステップから成るこのエクササイズを3分間，繰り返し行ないましょう。2週間の間，1日に2回，毎日ほぼ同じ時刻にこれを行ないます。これに鎮静効果があるなら，さらに続けましょう。

　3分という長さに，特に魔法の力があるわけではありません。2分しかしない人もいれば，10分続ける人もいます。どれだけ続けるかはあなた次第です。

　怒りがこみ上げてくるのを感じた直後に深呼吸のエクササイズをしても，即効性は期待できないかもしれません。ストレス・ホルモンが通常レベルに戻るのには時間がかかります。それまでの間，3分間の深呼吸を何度かやって，そのサイクルのリズムを経験しましょう。20分，間隔を空け，もう一度3ステップ深呼吸をして，違いが生じたかどうかをチェックしましょう。

疲労回復に役立つ睡眠を取る

　良質の睡眠は，持ち前の能力を発揮するのにも，健康を維持するのにも欠かすことができません。通常，ひと晩にどれくらいの睡眠が必要なのでしょうか？　約8時間は必要なようです（Belenky et al. 2003）。6時間も眠れば十分だと思っているかもしれませんが，睡眠の減少は，通常，認知的遂行能力の低下につながります（Deak and Stickgold 2010）。大脳は，自らを再調整して修復し，記憶を強固なものにするのに，睡眠周期を経る必要があります。しかし，十分な睡眠の構成要素には個人差があります。

　不眠の訴えは珍しくありません。アメリカの人口の約30％が，入眠障害，中途覚醒，早朝覚醒などの睡眠問題を報告しています。不眠による日中の疲労は事故の増加や業績の低下，気分障害，苛立ちや怒りと関係があり，不眠が慢性的になると，健康上のリスクも生じます。質の悪い睡眠は攻撃的な行動の増加にも関係があります（Chester and Dzierzewski 2019）。たとえば，自分が普段より怒りっぽくなっていて，人にすぐ議論を吹っかけがちだと自覚することがあるかもしれません。2〜3時間睡眠の足りない状態がふた晩続くと，その翌日の怒りの衝動と攻撃的衝動が高まる可能性があります（Krizan and Herlache 2016; Krizan and Hisler 2019）。

　不眠には，さまざまな心理的原因や身体的原因があります。就寝時に起こる不安や怒りの反芻は，ひとつの心理的要因です。呼吸障害や頻尿は身体的要因の例です。反芻による不眠を軽減するには，睡眠を妨げている認知行動的要因でコントロール可能なものに取り組みます。程度に差はありますが，CBTは不眠との闘いに役立ちます（Bothelius et al. 2013; Friedrich and Schlarb 2018; Okajima and Inoue 2018）。CBTによるいろいろな睡眠テクニックを試し，自分にはどれがもっとも効果的に働くかを見きわめることによって，睡眠パターンの改善を順調に進めることができるでしょう。

よく眠るための戦略

　不眠に取り組む際にプログラムとして使える認知・情動・行動的テクニックは，17項目あります。さっそく見ていきましょう。

1. 規則的な睡眠スケジュールに従う。眠くなりそうだと思ったら，横になる。
2. 放映時間外のテレビ・チャンネルで流れている低音量の音などのホワイトノイズを聴くことで，外部の音を消す（テレビは，タイマーをセットして，たとえば1時間で切れるようにしておく）。
3. 夜間にコンピュータで作業をするなら，ディスプレイを夜間モードにする。「不確実な」予備的証拠によれば，ブルーライトを軽減するこのモードは，睡眠を補助しう

るという。

4．眠れない状態とベッドが結びつくのを避ける。眠れないときは，すぐにベッドから出る。そして，しばらく歩き回ったり，電気を何回か素早く点けたり消したりする。数分以内にベッドに戻る。先ほどより，眠りに就けそうな気がするかもしれない。

5．途中で目が醒めて，なかなか眠りに戻れないときは，カップに半分ほど牛乳を注ぎ，ほんのり甘味をつけるためにハチミツを少量加え，レンジで温める。これを飲んで30分もすると，うとうとしてくるかもしれない。

6．睡眠を助けるために，昼間，適度の有酸素運動をする（就寝前の2〜4時間は運動を避けるよう，たいていの睡眠専門医が提案している）。60万人以上の成人を対象とした研究において，適度の運動は，睡眠を妨げうる否定的な思考を減らしたようである（McIntyre et al. 2020）。

7．いつもの就寝時刻前の7時間は，カフェインを含むもの（コーヒー，コーラ，紅茶，チョコレートなど）の飲食を避ける。

8．喫煙者の場合，寝る前の数時間は喫煙を控える（心臓疾患やがんのリスクが立証されているため，喫煙依存をなんとかやめようと頑張るのはよいことである）。

9．就寝前の3時間はアルコールを避ける。夜飲む1杯のワインで，リラックスした気分になれるかもしれないし，飲まない場合よりも早く眠りに就けるかもしれない。しかし，体がアルコールを分解するため，睡眠の質を損なうことになる。質は量よりも重要である。

10．室温20℃のよく換気した部屋で寝ること。睡眠は，体温の低下と結びついている。室温を下げることで，睡眠を補助する。

11．寝つけないときは，その間，深呼吸か漸進的筋弛緩法，もしくは，この双方を試す。否定的な思考から注意をそらすために，空をゆっくり漂っていくふわふわの雲を想像する。

12．午前6時から7時までの間に起床するようにする（寝坊は抑うつ状態に陥るリスクを高め，寝坊するせいで夜眠れなくなるというエビデンスもある）。

13．否定的な認知で頭が忙しく回転しているなら，「1,000」から「3」ずつ引き算をしていく。別の方法としては，否定的な思考がひとつ浮かぶたびに，何か肯定的なことを考えるというやり方もある。

14．目を閉じて，2分間深呼吸をしながら，変化していく影のイメージに注意を向ける。

15．非難の思考が眠りを妨げるときは，数分の間，認知的再評価と受容の練習をして，何をすることが，賢明な利益（enlightened interest）になるのかを考える。ベッドの脇にメモパッドを常備しておき，浮かんだ考えをメモしたら，そのことは忘れること。

16．起きようと思っていた時刻よりも2〜3時間早く目が醒め，自分のことがよくわかっていて，また眠ることはないようなら，起き上がって何か生産的なことをする。念

のため，前の晩に何らかの段取りを決めておく。

17. 昼寝は避ける。自分で決めた就寝時間まで，ずっと忙しくしていること。そうすることで，現実的な睡眠周期に入れるようにもなる。

「ピンクのゾウ」問題

心や感情が怒り思考によってかき回されているときは，なかなか眠れるものではありません。自分自身に眠るよう命じると，余計に眠れなくなるかもしれません。《眠らなくては，眠らなくては》というようなことを自分に言い聞かせつづけると，余計に眠れなくなりそうです。そこで今度は，そんなふうに考えるのをやめなくてはならない，さもなければ徹夜だぞ，と自分に言い聞かせることになります。これは「ピンクのゾウ」問題と比喩的に呼ばれるものです。このゾウのことを忘れようとして拳をぐっと握り締めれば握り締めるほど，ゾウは心の中に居すわる可能性が高まります。

このようなジレンマから脱け出せるようにするには，「眠らなきゃ」という言葉を構成している木製の小さな文字が，引き潮に乗ってバラバラに広がり流れ去っていくところを想像しましょう。各文字が波間に揺れているのを想像するのです。

「ストレス－怒り－ストレス」というサイクルの最初のストレス部分の軽減には，ほかにも多数の恩恵があります。体をリラックスさせて，質のよい睡眠を十分に取ると，コップのストレス・レベルが下がり，ストレスに対する閾値を上げることができます。

体を鎮める方法を併用する

睡眠の質を改善するために，漸進的筋弛緩法と深呼吸を就寝前に併用してみましょう。ベッドに横になったら，以下の手順に従ってください。

1. ひとつの筋肉群を4秒間緊張させながら，息を大きく吸い込んで肺をいっぱいにする。
2. その筋肉群を緊張させたまま，4秒間息を止める。
3. 息をゆっくり吐き出しながら4秒数える間に，筋肉の緊張をゆっくり解いていく。
4. 筋肉を緩めた状態を4秒間保ち，その間，息を止めておく。

つづいて，次の筋肉群を緊張させながら，肺がいっぱいになるまで息を吸い込み，上記の手順を繰り返します。同様にしてこの併用を継続し，漸進的筋弛緩エクササイズを最後まで行ないましょう。

怒っている心を鎮める

ストレスに対するレジリエンスを高めようとしてさまざまなリラクセーション法を利用することには，潜在的な健康効果があります。怒りはごく一般的な反応であり，同時にストレス要因でもあります。ストレスの閾値を高めることで，生じるストレスが減ります。しつこい怒りと敵意のもつ生物学的に不快な影響の軽減方法を着実に身につけていくことによって，ときに手に入れにくいあの自信に満ちた落ち着きを，自分が実感していることに気づくかもしれません。

冠動脈性心疾患（CHD）のリスク要因である敵意と怒りとの関係性に関する研究は，何十年も前から行なわれている説得力のあるものです。とは言え，CHDのリスクは，個々の現在の環境条件や関連する生物学的要因によって変動します。したがって，怒りの評価が高得点で，人が近寄らないほど毎日怒って暮らしていても，100歳過ぎまで生きることもあるでしょう。長寿の遺伝子をもつ稀有な人々のひとりであれば，逆境に打ち勝つのかもしれません。

過剰な怒りと闘い，ストレスを軽減して質のよい人間関係を楽しもうと頑張っていて，不要な怒り関連の問題を減らしている最中であるなら，あなたは自分自身のために，もうひとつよいことをしています。寄生性の怒り要因を減らすことは，おそらく健康も増進してくれます。次にそれを見ていきましょう。

冠動脈性心疾患(CHD)における 「アロスタシス過負荷」要因

自らの体と生活に対する外的脅威に直面すると，大脳は体を安定させ，変化に素早く適応させます。保護を目的としたホルモンが分泌されると，エネルギーが高まり，体は外的原因による損傷から守られます。もし傷に耐えられるなら，炎症は感染を防ぎます。たいていの場合，脅威に対する生物学的反応は継続期間が短く，安全な状態になれば消散します。

「アロスタシス」とは，「いかなる難題であれ——致命的なもののみならず——その対処に十分なエネルギーを供給する」保護プロセスのことです（McEwen and Lasley 2007, 7）。アロスタシスは，午前中にストレス・ホルモンの分泌量を増やし，その需要とのバランスを取り，行動に備えられるようにします。たとえば，もし人前で話すことに不安があるなら，アロスタシスは，聴衆の前でのスピーチに向かっている最中に作動します。ささいなことに腹を立てていると，まるで戦場で敵を打ち負かす準備を整えているかのように，体を戦時体制にします。

アロスタシス過負荷は，たとえば，問題となった出来事のあとで何時間も何日間も議論を

繰り返して自分自身にストレスをかけつづけることでも生じる可能性があります。また，自らの保護システムがあまりに頻繁かつ過度に行動の準備を整えるときにも発生します。同じ保護システムが今や，自らの体を消耗させて痛めつけ，大脳に有害な結果をもたらすのです。有害なストレッサーを避け，健康的な食事をし，十分な運動をすることが，体を元のバランスに戻すのに役立つ標準的かつ実用的な方法です。

たいていのストレッサーは社会的なもので，自分のイメージや自我，公正に関わる問題，敬意，社会的基準の順守，規範などに対する脅威と関係しています。しかし，アロスタシス・システムには，クマと侮辱の違いがわかりません。自我に対する脅威に過敏になっていると，寄生性の怒りを生む信念によって，その脅威に対処しようとしてアロスタシスが活性化するため，過負荷状態が発生します。

アロスタシス過負荷は，「ストレス－怒り－ストレス」サイクルの結果として，あまりに頻繁に自分の体に過充電すると生じます。既に論じたとおり，これが生じる原因は，頻繁に怒りを爆発させたり，怒りの思考や感情を繰り返し抱いたりすることです（たとえば，敵意に満ちた環境で働いているとき，こうした状態になります）。

アロスタシス過負荷が長く続くと，疾病への罹患リスクが高まります（McEwen and Rasgon 2018）。腹を立てたり敵意を抱いたりしがちな場合，ストレス・ホルモンによって血管系や心臓に過負荷が掛かる危険性があります（Chida and Steptoe 2009; Williams et al. 2000）。たとえば，炎症を引き起こすC反応性タンパクが血中に現れますが，このタンパクは一部の科学者によると，動脈血栓や心血管疾患に寄与しています。怒りのパターンは免疫系の働きを低下させるリスク要因（Janicki-Deverts, Cohen, and Doyle 2010）でもあり，肺機能低下のリスク要因（Kubzansky et al. 2006）でもあります。

心臓に影響する怒り要因と解決策

リラックスした心身は，怒りや敵意による過度に活発な思考や行動からの衝撃を和らげます。怒りや敵意に満ちた認知が生じている時間を減らすことで，リラックスした心身で過ごす時間が増えます。

以下の表は，進行中の怒り要因がアロスタシス過負荷状態によって冠動脈性心疾患（CHD）に寄与しうることを示すものです。何を標的にすべきかを知ることによって，そうした怒り要因に対して効率的に行動できるようになります。左欄は8つの怒り要因で，中央欄はその説明とそれを支持する参考文献，右欄はそれぞれの解決策の例です。

心臓に影響する怒り要因	説明	代わりの建設的な解決策
怒りに対する間違った正当化	自分の怒りを人のせいにする (Davidson and Mostofsky 2010)。	自分の感情に対する責任を引き受ける。
怒りの反芻	否定的で寄生性の同一の怒り思考を何度もくりかえす (Busch, Pössel, and Valentine 2017)。	その思考が雲間にふわふわと漂っていき, 言葉を伴った雨粒となって降り, 地面でパシャパシャとはねかえっているところを想像する。
否定的情動	不安, 抑うつ状態, 怒りによる3重の脅威 (Kubzansky and Kawachi 2000)。	混合している3つを見きわめてそれぞれを引き離す。それぞれの寄生性の認知的サイン (cognitive signature) を特定し (第2章参照), その認知的サインを変更する。こうした「分離＆攻略」アプローチに従えば, 3重の脅威要因間のつながりを弱めることができる。
敵意の表出	人を叱りつけたり, 苦しみを助長したりして, 悪意に満ちた態度を取る (Chida and Steptoe 2009; Smaardijk et al. 2020)。	その信念に, 時間をかける価値や支持努力をする価値があるのかを判断したり, 自分の人生と関わりのあるもっとよい別のことがあるのかどうかを判断したりする。
敵意の抑圧	憎しみに満ちた感情を否定したり隠したりすることで, 対立や報復される恐怖を避け, やたらに丁寧で礼儀正しい態度を取ることで, 本心とは違って見えるようにする (Julkunen et al. 1994)。	報復を招くかもしれないような非難めいた口調を避ける。代わりに, 「自分は〜と思う」とか, 「今の時点で自分にわかっていることから判断すると, 〜という気がする」など, さまざまな考えを臨機応変に言い表す練習をする。
怒りの抑圧	怒りを感じたときに, それをその場で適切に表現しないで, 無理やり内に押し込んで隠し, 内在化させる。通常, 怒りを抑えている人は, 高血圧になる可能性が高い (Hosseini et al. 2011)。(一時的な表現の抑制は別物である。そうするのは, 少し時間を置いてからの方が落ち着いて対応できることを認識しているからである)	具体的な問題に言及して, 怒りの感情を表現する。自分の気持ちを表現するときは, 主張したいことをしっかり主張し, 非難めいた口調や自己防衛的な態度, 決めつけるような態度を取らない。
冷笑的な不信と悲観主義	普段から他者を疑って信用しないという姿勢が, 爆発しやすい怒りの波と重なると, 不快な人間関係のきっかけとなり, 冠動脈性心疾患 (CHD) のリスクを高める (Greenglass 1996)。冷笑的な不信の一要因である悲観主義は, 高レベルの炎症や高血圧, CHDと関係がある (Roy et al. 2010)。	自らを守ることのできない人々の保護に役立つ仕事をボランティアで行なう。他者との協同作業や他者のおかげでできる協同作業が, この問題の解決につながる第一の道である。

心臓に影響する怒り要因	説明	代わりの建設的な解決策
先を見越して行なう(道具的)攻撃やそれに関連する攻撃	繰り返し攻撃的に，相手を犠牲にして利益を得ようする(Suarez, Lewis, and Kuhn 2002; Takahashi et al. 2018)。	役割を交代する。自分だったら相手にどう処遇してもらう方がいいと思うかを考える。少し立ち止まって考えることで，怒りのエネルギーを何か建設的なもの——怒りより継続期間の短いもの——に転用する理性的な力の作用を体験できるかもしれない。

　さまざまな形で生じる怒りと敵意だけが，CHDや他の健康問題に寄与する心理的要因というわけではありません。抑うつ状態や不安の種々のパターンも，人生に対する悲観主義的考え方も，同様に有害です。

　上記の表を検討したあとに，《なんだか自分のことみたいだ》とつぶやく自分に気づいたとしても，あなたのリスクを低下させる方法はたくさんあります。上記の心臓に影響する怒り要因はすべて，ネガティブ思考を含んでいます。この問題での肯定的な変化は，あなたの健康と人間関係にとって有用なものになりえます。そのための方法に取り組んでみましょう。

健康な心臓のためのあなたのプログラム

　今度は，あなたがこれまでに学んできたものを使って，怒り思考を抑制し，アロスタシス過負荷を減らし，心臓の健康を支援する番です。この実験は，保険に入る頭金だと考えましょう。以下の健康な心臓のためのプログラム表を使い，中央欄には，あなた自身の状況に当てはまる例を書き入れてください。次に，解決法になりうるものを右欄に書き出しましょう。

健康な心臓のためのプログラム

心臓に影響する怒り要因	説明	代わりの建設的な解決策
怒りに対する間違った正当化		

心臓に影響する怒り要因	説明	代わりの建設的な解決策
怒りの反芻		
否定的情動		
敵意の表出		
敵意の抑圧		
怒りの抑圧		

心臓に影響する怒り要因	説明	代わりの建設的な解決策
冷笑的な不信と悲観主義		
先を見越して行なう(道具的)攻撃やそれに関連する攻撃		

　実験からわかったことで，怒りの問題を抱えた友人がいたら伝えたいと思うことはなんですか？

　本書を読み進めながら，自分に役立つ概念とエクササイズを探しましょう。「健康な心臓のためのプログラム」の表には，何度でも好きなだけ戻ってください。表は，ウェブサイト（http://www.newharbinger.com/44321）でダウンロードして，プリントアウトすることもできます〔プログラムの英語名は「Heart-Healthy Program」〕。怒りに関連する健康上のリスクを減らし，社会的なライフスタイルや個人的なライフスタイルの選択肢を改善するために，自分にもできそうなことを書き加えましょう。

　アロスタシス研究の第一人者であるロックフェラー大学のブルース・マキューエン教授は，自分では変えられないことについての反芻をやめるためにマインドフルネスを活用することを提案しています。マインドフルネスの実践は，内的なストレスを軽減し，その結果としてアロスタシスの負荷も軽減し，あなたの人生の肯定的な側面を支援します（「苦しいときには自分の恵まれた点を数えよう！」）。

最高の助言：マインドフルネス

　マインドフルネスは「今この瞬間」の体験です。あなたは，今というこの瞬間に存在しているのであって，それ以外のいかなる瞬間にも存在していません。マインドフルネスは，なんの判断も加えずに今この瞬間の体験に注目するための種々の受容的な方法であり，今ここに注目することによって，心をリラックスさせ，体を落ち着かせ，感情的なウェルビーイングを促進しようとするものです。エモーリィ大学医学部の準教授ウィリアム・クナウス医学博士（本書著者と同名ですが混同されませんように！）は，マインドフルネスを実践するための4つの方法を提案しています。

　まず，一般的なストレスを軽減し，ウェルビーイング感覚を促進するための方法として，科学的に検証されたものをふたつ紹介します。

マントラ瞑想

毎日5分間，深呼吸をしながら，《ワン》や《ンー》といった声（マントラ）を静かに繰り返す。気が散ったら，マントラに戻ること。効果が表れるようになるのには，6週間ほどかかる。

ボディ・スキャン

マサチューセッツ大学のジョン・カバット・ジン教授（Kabat-Zinn 2005）は，身体的緊張と心理的緊張を解きほぐす心の力を，以下のように説明している。

> 　私たちは，筋肉をひとつも動かさなくても，自分の思う体のどの部位にも注意を向けることができ，今この瞬間にどのような感覚が生じているとしても，それらを感じ取り，それらに気づいていることができる（Kabat-Zinn, 383）。

つま先から頭頂に至るまで，体のさまざまな部位を心の中で体系的にスキャンしていく。各部位で，温かさや緊張，チクチクする感じなどの感覚に注意を払う。その後，すべての部位をまとめて，自分を全体として捉える。ウェブ上には，ボディ・スキャンの例がたくさん挙がっている（注：既出の「漸進的筋弛緩法」にリストアップされている筋肉群をこのエクササイズに活かしてスキャンすることもできる。各部位のスキャンに深呼吸を加えることもできる）。日に一度のボディ・スキャンを8週間続け，腹を立てる回数が減ったかどうかを確認する。

　次のふたつは，マインドフルネスを使った短期的イメージ法であり，アロスタシス過負荷につながりうる否定的な思考の流れを，これによって中断できるかどうかを見るも

のです。

怒り思考を飛ばす方法

怒り思考は，ある状況がもつ意味を，こみ上げた怒りの感情に結びつける。この思考のつながりを断てるようにするには，自分の怒りの思考がふわふわの雲の間に消散していくところを想像するとよい。このイメージは，2分間描きつづけること。

かわいらしさを利用する方法

かわいい動物を想像するとしたら，最初に何が心に浮かぶだろう？　小犬だろうか？　小猫，コアラなどだろうか？　起床時と就寝時に，1分間，その動物の顔を思い浮かべよう。

悲観主義より楽観主義を選ぶ

　悲観主義は冠動脈性疾患と関係があり（Felt et al. 2020），楽観主義は長寿と関係があります（Lee et al. 2019）。

　今起きている否定的な出来事もいずれよいものに変わるだろうと期待するような非現実的な楽観主義でも，何事かが失敗するという現実的な悲観主義に陥り，それについて反芻するような状況に比べれば，おそらく健全なものの見方と言えるでしょう。

　《現実的な楽観主義》は，楽観主義の実用的な形です。誰かのなんらかの行動によって不快になることもあるということを受け入れ，同時に，自分自身や，自分の周りのコントロール可能な事柄を意のままにします。自分の未来のコントロール可能な部分の形成能力に自信をもってもいます。これはつまり，理性的な選択ができるということです。ストア学派的な禁欲的選択，すなわち，「自分がどう考える《べき》かは出来事が決めるのではない」と理解することも，もちろん理性的な選択です。

進歩の記録

<ruby>進歩の記録<rt>プログレス・ログ</rt></ruby>

鍵となる考え：本章でもっとも役立つと感じた考えを3つ，記録しておきましょう。

1.

2.

3.

行動計画：怒りすぎを克服していくためにたどろうと思ったステップを3つ，記録しておきましょう。

1.

2.

3.

実行：その3ステップを実行するためにしようと思っていること（プロセス）を記録しておきましょう。

1.

2.

3.

結果：これらのステップを踏むことで，身につけたいと思っていること――もしくは，強化してきたこと――を記録しておきましょう。

1.

2.

3.

修正点：プロセスの中で変更したい点がある場合，次回は別の方法で行なおうと思っていることを記録しておきましょう。

1.

2.

3.

第 7 章

フラストレーションと緊張に対する耐性を高めて解決する

　フラストレーションやその他の緊張を感じるのは，何かが不調だという合図であり，ちょっとした不快な警告でもあります。それはごく自然な合図なのですが，緊張に対する耐性がない場合，あるいは低い場合は，まったく別の話になります。それは，不快感や否定的な感情，不確実な状況を我慢するのは不本意だとしているということです。緊張に耐えられないとき，人は受け入れがたいと思うその感覚を拡大するか，それを衝動的に吐き出すかします。

　緊張に対する低い耐性は，人間の多くの苦痛の中核にあります。緊張に対する耐性が低い状態は，回転ドアの中にいるのに似ていて，新しい不快な出来事が起きるたびに，それが引き金となり，すべての否定的な思考や感情が新たにぐるぐる周り出すのです。たとえば，フラストレーションに対する耐性が低いと，腹を立てることが増えるかもしれません（Mahon et al. 2006）。

　フラストレーションや緊張に対する耐性を高めることによって，寄生性の怒りのリスクを下げることができます。そうなれば，自分の人生に自ら招くストレスや緊張は減るはずです。フラストレーションと緊張に対する耐性を高めるには，そのスキルを磨かなくてはなりません。そのルートをこれから一緒に地図にしていきましょう。そして，日々それを活用し，自分自身に対してもっとゆったり構え，過剰な怒りを減らしましょう。この地図の要点は以下のとおりです。

- 緊張という感覚を，よくある怒りの引き金として認識し，この中核的プロセスによって刺激される怒りを減らす。

- フラストレーションに対する低い耐性と怒りとの関係を理解する。
- 怒りを大事にするサイクルを中断する。
- 怒りを引き起こすような厄介な出来事を避ける。
- 全般的な緊張レベルを下げるために，フラストレーションに対する耐性を高める。

　この部分は，自制の旅におけるもっとも重要な通過地点かもしれません。否定的な感覚や感情が減れば，寄生性の怒り思考や攻撃的反応を引き起こす原因も減る可能性があります。

「緊張－怒り」の二次的影響

　怒り思考と不快な感覚・感情は，互いを糧としています。怒り思考に陥りがちだとしたら，そういうときには，はらわたが煮え繰り返る思いをすることでしょう。否定的な感覚や感情を抱いている場合，そうした感覚や感情は怒り思考のリスクを高めます（Berkowitz 1990; Knaus 1982）。これには《「緊張－怒り」の二次的影響》という名前をつけましょう。そうすれば，これに登録しようという気持ちは弱まるかもしれません。

　緊張に対する低い耐性は，怒りに対する脆弱性を高めます。たとえば，ある日あなたはぼんやりした不快感を抱いて目が醒めたとしましょう。あなたには理由がわかりません。もしあなたがほかの大勢と同じなら，原因を探そうとするでしょう。たいてい，すぐに見つかります。前の日に上司から失礼なことを言われたのを思い出すかもしれません。これで，自分の怒っている理由がわかりました。しかしながら，あなたの不快感は，実際には上司ともその他の誰とも関係がない可能性もあります。最初は何ものにも結びつかない──なんの前触れもなく出てきた──ように思われた不快な感情を説明するために，話を作ってしまったかもしれません。

　さて，怒りのトリガーとして，もうひとつよくあるのがフラストレーションです。次はこれを見ていきましょう。

怒りと，フラストレーションに対する低い耐性

　あなたが今いる場所とこれから行きたい場所の間に立ちはだかる障壁を目の前にしたら，フラストレーションを感じるのは自然なことです。車が発進できない。既に締め切りを過ぎている。課題に集中しようとしているのに，パートナーが邪魔をしつづける，など。当然ながら，物事の重要度は人や場合によって異なります。友情を失う危険を承知で，つまらない口論をすることもあります。これと決めた職種の就職試験に失敗することもあります。おそら

く友情は守ることができるでしょう。就職試験には再度出願して，以前のように独りで勉強するのではなく，グループで学ぼうとするかもしれません。

　フラストレーションは，状況に見合ったものであれば問題にはなりません。フラストレーションを感じることで，誤りを正し，不公正な所行に備え，社会的に良識ある行動を促すために，なんとかして問題を解決しようという気になります。状況に見合っているというのは，通常，「賢明な自己利益（enlightened self-interest）」に適っているということであり，状況を重視しすぎている場合は，たいていこの自己利益に適っていません。

　フラストレーションに対する低い耐性（low frustration tolerance: LFT）は，不快な感情や不便，いざこざ，陥りたくないと思っている状況に耐えるのがきわめて難しいとき，問題になります。比較的短時間の間にLFTが問題になる状況が重なると，第6章で取り上げたストレスのコップはあっという間にいっぱいになります。

　LFTは，感情的な落ち込みの多くの型，殊に過剰な怒りや攻撃性の引き金になります。もしフラストレーションへの対応やそのための思考を誘発する引き金がショート・トリガーであれば，状況の煩わしさは否定的な思考によって増大する可能性があります。第2章で学んだ《認知的サイン cognitive signature》は，怒りなどの否定的な気分に伴う予測可能な考えのことです。よくある認知的サインに，「もう耐えられない」というのがあります。通常，耐えられないと言っている対象は，そのとき感じている緊張です。LFTから来るセルフトーク（すなわち心のおしゃべり）には，《もうたくさんだ》というのもあります。

　自分がLFTのサイクルに陥っていることに気づいたら，状況をどのように拡大しているかに気づくことが，自らをこのパターンから解放するための重要なステップです。LFTによる拡大プロセスをどう認識して，それに対処するかを見ていきましょう。

怒りを大事にする：怒りの破局化

　状況によっては，客観的な理由から本当に大変な事態だと言えるものもあります。自分が不治の病に罹っていると知るのは，そのひとつです。火事や竜巻で家を失うことによる影響はきわめて悲惨です。しかし，「大事にする」というのは，それとは別です。「大事にする」とは，物事を大袈裟に騒ぎ立て，過去や現在の出来事であれ，これから起こりそうな出来事であれ，実際よりもはるかに悪い出来事にしてしまうことです。心理学者のアルバート・エリスは，この行動の定義として《破局化 catastrophizing》という言葉を新たに造りました。それ以前，精神科医のトム・ウィリアムズはこれを，「災難だと喚き立てる」という言い方で指摘していました（Williams 1923, 106）。

　落ち込んだ気分，不快な出来事，寄生性の怒りを生む信念が結びつくと，《怒りの破局化》への脅威の3条件が揃います。比喩的に言えば，これは，不平や非難や高まる緊張によって

煽られた心の旋風が，ある状況の意味を誇張し，それがさらに多くの否定的な思考を誘発しているということです。

　たとえば，あなたは友人を誘って動物園に行き，新しく入ったキリンを見ようとしていたとしましょう。動物園に着くと，「本日は改装のため休園」の貼り紙があります。あなたはその状況を膨らませ，（比喩的に）人生が終わるかという程の不幸に仕立てました。非難を拡張し，事前に気づけるような場所に休園案内を出していなかったことについて，園の運営を罵倒します。そして，《ここを運営している連中はみんなバカか！　こんなやつらは首になって当然だ》と考えます（非難の拡張は，怒りの破局化ではよくあることです）。あなたは非難しつづけ，いつまでも攻撃的な熱弁を振るい，失望は，まさに地球に突っ込もうとする幅100マイルの隕石と化し，もはやそれを止める術はありません。

　アルバート・エリス（Ellis 1999）はもうひとつ言葉を造っています。破局化に付随することの多いプロセスを表す，《悲観化 awfullizing》という言葉です。エリスによれば，悲観化には，物事を大袈裟に騒ぎ立てることだけでなく，不快で厄介な出来事を，どんな人間の忍耐力も及ばない恐ろしいものに仕立てることも含まれています。最悪以上にひどいということです。破局化同様，悲観化はLFT（フラストレーションに対する低い耐性）に根差しています。悲観化とLFTは敵意に満ちた思考に関係しています（Martin and Dahlen 2004）。

　以下の例は，悲観化に魅入られた怒りの破局化の底流に，LFTがあることを示しています。

　　リンダは，特に親しかった高校時代の同級生たちと，お気に入りのレストランで毎年恒例の同窓会を開くことにしていました。その日，彼女は遅刻しないように，少し早めに会場に向かいました。夫のスポーツタイプのクラシックカーで行くことにしたのは，ちょっと見せびらかしたかったのかもしれません。

　　髪を風になびかせ，轟音を立ててハイウェイを飛ばしながら，リンダはわくわくしていました。ところが，状況はあっという間に変わりました。渋滞でブレーキを踏みます。10分ほど経ってもまったく動きません。これじゃ，同窓会に遅刻だわ。強烈なフラストレーションが高まるのを感じはじめました。腹立ちまぎれに，独り毒突きます。「どこかのバカが事故なんか起こすからよ，まったく！　もう早くして！　さっさと事故車を片づけて通れるようにしてよ！」

　　リンダは非難思考で怒りを増幅させていきました。自分のスケジュールを台無しにした見知らぬドライバーを責めました。事故車周辺の交通整理をしない州警察も非難しました。そして，独り言を言います。「こんなこと，あっていいわけない。この州，バカが動かしてるの？」

　　自分の状況を考えれば考えるほど，自分が被っている迷惑がとんでもないことに思えてきました。リンダはそのことについても破局化思考をしていました。フラストレーションと怒りが高まるにつれて，自分が動揺していることに対して動揺を募らせていきまし

た。バッグから携帯電話を取り出して，友人たちに遅れることを伝えようとすれば，バッテリー切れです。充電器はいつもの自分の車の中です。リンダは叫び声を上げ，ハンドルをバンバン叩き，クラクションを鳴り響かせました。

この例では，LFTと怒りの破局化が以下のように展開しています。

1．ほしいものが手に入らない状況や，したいことができない状況を，フラストレーションを感じるものとして体験する。
2．非難の対象（人や事物）に焦点を絞る。
3．以下のようなことをすることによって，その状況の煩わしさを誇張する。
　　①表明する。「こんなふうであるべきではない」
　　②要求する。「私は自分のやりたいようにやらなくてはならない」
　　③非難を拡張する。「こんなことをしたイヤな奴は，落ちるところまで落ちてしまえ」
　　④このように心の中で過剰な策謀を練ることによって強い苦痛を感じ，状況を拡大しつづける。
4．口撃をしたり，こぶしを振り回したりすることによって，あるいは，自分は弱い立場にいると思ったときには攻撃性を抑圧することによって，怒りを発散させ，緊張をほぐす。

　リンダは，ことの成り行きが手に負えなくなる前に自分の怒りの破局化傾向に終止符を打とうと覚悟を決めました。フラストレーションに対する耐性という点に焦点を絞り，怒りの破局化の下から，いわばそのつっかい棒を引き抜くことにしました。
　リンダは以下の表を使い，フラストレーションに対する自分の低い耐性のせいで交通渋滞に巻き込まれた状況で起きる反応と，フラストレーションに対する高い耐性による別の観点とを比較しました。左欄は，一般的に見られるフラストレーションに対する低い耐性と怒りの破局化プロセスについての説明です。中央欄は，リンダがどのようにこのプロセスに取り組んだかという例です。右欄には，パターンの根本的な変化について説明しています。
　もしフラストレーションに対するあなたの耐性が生まれながらにして低いとしたら，それに対する高い耐性による観点から物事を見ようとするのは，特に難しいかもしれません。しかし，知識は力になります。自分が何に直面しているのかがわかっていれば，選択の幅が広がります。右欄を支える考え方はシンプルです。よりよい選択肢があるとわかれば，自由にそれを選ぶことができるということです。以下は，リンダの例です。

フラストレーションに対する 低い耐性と怒りの破局化プロセス	フラストレーションに対する 低い耐性による反応	フラストレーションに対する 高い耐性による別の観点
ほしいものが手に入らない状況や，したいことができない状況を，フラストレーションを感じるものとして体験する。	リンダは自分の状況を，迷惑で，耐えがたくて，きわめて不快だとし，「こんなこと，あっていいわけない」と考えた。	リンダは自分の状況を，フラストレーションを引き起こすもの，望ましくないものだとし，問題だとみなした。
その状況を，我慢ならないほど煩わしいものと定義し，その状況がどれだけひどいか，その原因がどれだけ不正で，どれだけ糾弾されるべきかを，内的に評価することによって破局化を行なう。	リンダは，自分の状況と，交通渋滞に関する自分の否定的な思考に注目しつづけることで，緊張を増幅させた。	リンダは今自分にできることは何かに注意を集中させた。それは，CDに入っているフルートの曲を聴きながら，お気に入りの作家の小説を読みはじめることだった。
非難の対象（人であれ事物であれ）を定め，その非難を拡張して，ののしり，糾弾する。	リンダは，遅延は事故車の運転手やレッカー車の運転手，州警察，州政府のせいだと非難し，糾弾した。	非難し糾弾しても，変えようのないことは変わらない。逆境の受容はフラストレーションのレベルを下げた。
注意を感情や感覚に集中させ，その感情や感覚を拡大し，まるでその感情や感覚には耐えられないかのように振る舞い，この緊張を解かなくてはならないという強い切迫感を抱く。	リンダのフラストレーションと怒りの強度は高かった。彼女は自分の感情や感覚に注意を集中させ，それまでのよい気分を台無しにされたことについて，他者を非難した。彼女は自分がどれだけ惨めかという点に注目しすぎていた。	リンダは自分の耐性のなさを増幅したことについての責任を認めた。そして，状況をどう解釈するかは，その状況をどう定義するかによって（リンダは，非難に値するとんでもない状況だと定義した），普通に予想される以上に左右される点もはっきり理解した。リンダは，実際の状況を大げさに定義していた。
口撃したり，こぶしを振り回したりする。	リンダによる怒りの破局化は，車のハンドルをバンバン叩き，クラクションを鳴り響かせるという形を取った。	怒りの破局化を避けることによって，見せかけだけの一時的な安堵という例の報酬はなくなる。一時的な安堵は次に，怒りの破局化を強化し，このパターンの再発の可能性を高める。とんでもないプラスアルファである！

　もし自分が怒りの破局化という罠にはまっていると思ったら，次の比較実験が，そのプロセスから脱け出すのに役立つはずです。

比較実験

　あなたが最近陥った怒りの破局化の状況について考えてください。中央欄に，その状況に対して，LFT（フラストレーションに対する低い耐性）でどう反応したかを書き入れます。右欄を記入する際には，本書やその他の情報源からの情報——フラストレーションに対する自分の

耐性を高め，次回フラストレーションを感じる状況に直面したときの自分の有効性を高めるような情報──を活用しましょう。

フラストレーションに対する 低い耐性と怒りの破局化プロセス	フラストレーションに対する 低い耐性による反応	フラストレーションに対する 高い耐性による別の観点
ほしいものが手に入らない状況や，したいことができない状況を，フラストレーションを感じるものとして体験する。		
その状況を，我慢ならないほど煩わしいものと定義し，その状況がどれだけひどいか，その原因がどれだけ不正で，どれだけ糾弾されるべきかを，内的に評価することによって破局化を行なう。		
非難の対象（人であれ事物であれ）を定め，その非難を拡張して，ののしり，糾弾する。		
注意を感情や感覚に集中させ，その感情や感覚を拡大し，まるでその感情や感覚には耐えられないかのように振る舞い，この緊張を解かなくてはならないという強い切迫感を抱く。		
口撃したり，こぶしを振り回したりする。		

《この状況は気に入らない。フラストレーションを感じるのはイヤだ。破局化は嫌いだ。私は自分が気に入らないものを我慢することができる。落ち着いて自己改善に取り組むことができる》という結論に至っているあなたは今，非破局化のエキスパートになる途上にいます。

「弱り目に祟り目」状態から抜け出す

あなたは今，最近受けた侮辱について考えずにはいられない状態です。緊張が高まっています。体の力を抜き，差し迫っている個人的な問題に集中しなくてはなりません。しかし，考えるのをやめてリラックスしようとすればするほど，状況は悪化していきます。

苦痛を感じている自分のことを思って苦痛を感じていると，既存の否定的な状態の悪化リスクが高まります。こうした「弱り目に祟り目」状態では，フラストレーションを感じている自分にフラストレーションを感じる，腹を立てている自分に腹を立てるなど，ひとつの問題の上に，必要のない別の問題を重ねています。《こんなの，耐えられない》といった，自分に向かって発する言葉はしばしば緊張を増幅します。苦痛からなんとしても逃れたいと必死になっているときは，こうした二次的な苦痛を探しましょう。

現実のものであれ，想像したものであれ，厄介な出来事を大袈裟に考えて，怒りの破局化を展開すれば，非難したり愚痴ったりして，自らをさらに厄介な状態に追い込み，さながら「弱り目に祟り目」状態になります。今や，元の状況とそのあとにずるずると続く後遺症まで抱え込むのです。LFT（フラストレーションに対する低い耐性）による思考が加われば，さらに別の苦痛が重なります。元の苦痛を思って，自分自身を倍にも3倍にも苦しめるのです。気分はさらに悪化します。深刻な事態です。でも，あなたはそこから脱け出すことができます。

上記の説明があなたに当てはまっている場合，広い範囲が「弱り目に祟り目」の状態として，対処の対象となります。ただ，自ら招いている苦しみは元の苦しみより重いことが多いとは言え，その苦しみを減らすなり，そこから脱け出すなりするために，あなたにできることはたくさんあります。以下は，役立つ戦略の例です。

自分の「弱り目に祟り目」状態にレッテルを貼る

怒りの破局化が「弱り目に祟り目」状態だと思うのなら，その破局化に取り組むことができるが，そのように思わない場合は，取り組むことができない。怒りの破局化が自分の問題を悪化させていると認識することによって，その瞬間の緊急性は軽減され，緊張は緩められる。この知識を，初期の警告信号として活用し，素早く是正措置を取ろう。

問題を引き起こしている思考を受け入れる

ある出来事の重要性を拡大しているために動揺がひどくなっていることを認め，その思考

の過剰部分を削ぐ方法を見つけられると信じるなら，進歩の要点をつかんだも同然である。

寄生性の怒り思考を分離する

　悲劇的な喪失であっても，事実に見合わないほど大袈裟に捉え，自分自身に対して過度に腹を立てているということがあるかもしれない。その出来事を正しく捉えることは，喪失を軽んじることにはならない。怒りの破局化こそが喪失を貶めるのである。このサイクルを断ち切るためにはまず，喪失の本質的な意味を，破局化によって生じる「弱り目に祟り目」状態から切り離すことである。そうすれば，その喪失によって生じる自然な感情を味わうようになり，寄生性の誇張から自由になることができる。

重要である必要について考慮する

　権力が低下しつつあるとき，その権力を不合理なまでに要求すると，怒りの破局化が生じて，問題が倍加するかもしれない。このような「弱り目に祟り目」状態は，自分の重要性を感じるためには主導権を握っていなければならないと信じる気持ちから派生している可能性がある。もしこのような形で，寄生的に自分に腹を立てているなら，受容の気持ちをひとつの戦略として呼び起こすことで，「弱り目に祟り目」状態を半減させよう。自信をもつためだからといって，100％重要である必要はないという点を憶えておくことが重要である。

自分の考え方について考える

　考え方が怒りの促進剤になるのは，どのようなときだろう？　《こんなこと，耐えられない。だから，……を痛めつけてやる》などと考えると，怒りは増幅されないだろうか？　もし増幅されるなら，言葉遣いの強烈さを段階的に減らしていこう。《こんなことはもうご免だ》というように考えるのではなく，たとえば，《今，渋滞にはまっている。いやだなあ》というように，その出来事を具体的に表現するのである。

フラストレーションに対する耐性を高める

　寄生性思考の軽減と緊張の緩和に，体系的な方法で取り組むことは可能でしょうか？　以下のふたつは，これを実行するときに役立つ方法です。ひとつは，「心身，パターン，つながり」の観点から取り組む方法，今ひとつは，「PURRRRS（プルルルルス）」テクニックと呼ばれるものです。

心身，パターン，つながり

　緊張とフラストレーションを軽減するこの方法は，4ステップで進めます。

1．緊張を緩められる《体作りをする》。質の高い睡眠，運動，カロリーを制限した食事はこれを叶えるのに役立ち，通常，思考の質を改善するので，それがまた，睡眠を促進することになる。つまり，健康な体と心は双方向性のプロセスであり，互いが互いに影響を与え合っているのである。運動がわずかに睡眠に寄与することを証明しようとする研究傾向がある（Kline 2019）。たとえば，適度な有酸素運動（散歩，サイクリング，カヤックなど）は，1日に30分でも，その日の早い時間帯に行なえば，睡眠の質に対するプラス効果を上げるのに十分かもしれない。運動は，抑うつ状態の軽減にも効果がある（Knaus 2012）。十分な睡眠，運動，健康的な食事がかみ合えば，緊張に対する耐性は，その逆の状況と比較した場合より高くなる可能性がある。

2．《寄生性の怒り思考と反復性の否定的思考から心を解放する》。怒りや復讐心から生まれる思考を何度も蒸し返したり，すぐイライラしたりすると，睡眠障害や気分障害，怒りの問題など，身体的な副作用が生じて，判断力に悪影響を与える可能性がある。第1章で学んだ実践の見地・経験の見地・核心的問題の見地からの解決方法を使えば，心の解放を促すことができる。実践の見地からの検証済み解決方法としては，否定的な考えがヘリウム風船の中に詰められて空中に浮かび，不適切という成層圏へとゆっくり漂っていくところを想像するという方法，経験の見地からの検証済み解決方法としては，問題の状況を別の角度から審査して再評価するという方法，核心的問題の見地からは，自分の人間としての価値が，自分が引き受けたものがなんであれ，それを完全にコントロールすることで決まるかどうかをじっくり考えるという方法がある。

3．《自滅的パターンを変える》。あるパターンが自滅的かどうかは，どうしたらわかるのだろう？　それは，結果から判断することができる。たとえば，とにかく多忙で，それが睡眠の問題に関わってきているとしたら，自分のペースでやる方法を見つけよう。自分自身のことや自分の怒りについて考えることに時間をかけすぎているとしたら，自分が今生きていることなど，感謝の気持ちが湧いてくる理由をいろいろ考えて，バランスを取ろう。さまざまな人と繰り返し口論になるなら，それに関して何か自分でどうにかできることがないかを自問しよう。自分の緊張について，自分に責任がある点を特定できたら，既にパターンを変えつつあるということである。

4．自らのフラストレーションを平均以上にうまく処理している人で，こちらの《支えになってくれる人とつながる》。絶えずあれこれ不満を抱いている人で，避けることができる人を見きわめておくことも重要である。そういう人たちとイヤな話をくどくどと蒸し返すのは，互いの怒りの破局化を煽っていることに気づくかもしれない。イヤな話の蒸し返しではなく，陽気な会話を続ける方法を探そう。そうした考え方になることによって，気持ちも上向きになってくる可能性がある。

　フラストレーションに対する耐性を育てるためのこのような活動に取り組むことで，ストレス・レベルを下げ，パフォーマンスを改善し，反発を減らすよう脳を訓練し，体の健康を増進できるようになります（Tabibnia and Radecki 2018）。

「PURRRRS」テクニック

　「PURRRRS」は，ペースを落とし，状況を理解し，効果的に行動するためのテクニックです。怒りの破局化を未然に防ぐのに，殊に役立ちます。これは，以下のステップで進めます。

Pause：立ち止まる。

変えたいと思っているプロセスに気づいていなければ，それを変えられる見込みはない。この気づきの段階では，少し立ち止まり，怒りの合図に注意を向ける。まず，怒りの合図は何を意味しているのかを自問することによって，考えをまとめる。迅速な行動は必要か？　行動を起こす前に考えなくてはならないのか？　これらを自問するためのリマインダーが必要なら，親指か時計に緑の小さな点を付けておくとよい。

Use：活用する。

これは動員の段階である。自分のリソースを活用して，自分の思考をモニタリングする。自分の思考をスローモーションにして，自分が今，自分自身に向かって何を言ったかをよく見直す。このモニタリングによって，自分の考えを調査しやすくなる。調査は，次のステップで行なう。

Reflect：熟考する。

前の2ステップを踏むことで，この熟考の段階に進むことができる。ここでは，問題を詳細に調べる。情報を集め，自分がどう感じているかをよく考える。自分自身に向かって言っていることをよく調べる。何が起きているせいで，寄生性の怒りによって心が乱れているのかをじっくり考える。

Reason：判断する。

この段階では，セルフトークを評価する。自分の考えはどのような感情的なトーンを帯びているのか？　この思考のせいで，フラストレーションや怒りや攻撃的な行動に対する耐性が危険な状態になってはいないか？　もしなっているなら，軌道修正するために何をする必要があるのか？　自分がやり遂げたいと思っていることや選択肢について，心の中でイメージを形成しているか？　緊張を和らげ，有効性を高めるために，自分の力でできることはなんだろう？　今，どのような対策を講じることができるだろう？　その対策は，自分自身に向けて出す指示である。その指示に従うことで自分がどこに行き着くのか，先を見据えて判断する。

Respond：対応する。

力を試すよう自らに語りかけることで，自分の指示に従う。

Review and revise：見直す。

状況は変化するため，その変化に合わせて，自分の行動を修正する。現在進行中の状況では，見直しはその場の判断で行なわれることが多い。

Stabilize：安定させる。

「PURRRRS」が必要な状況で自動的に作動するようになるまで，練習を続けて上達を目ざす。この過程は，フラストレーションに対する低い耐性や非難の拡張のほか，緊張から派生しうる怒り思考のさまざまな形態を認識し，評価し，交換するのに役立つ。

　次の表は，「PURRRRS」の使い方を示したものです。左欄では各ステップについて説明し，次の第2欄では，テクニックの例をいくつか提示しています。第3欄には，あなたが役立つと思うテクニックを書き加えましょう。第4欄には，あなたが次に怒りの破局化状況に陥ったとき，「PURRRRS」の各ステップで何が起きたかを記録してください。

　「緊張は恐ろしくない」，「緊張しても，生活に差し障りはない」と心から言える自信がつくと，自分の緊張のコップに入っていたあの余計な緊張とストレスはどこに行ってしまったのかと，いぶかしく思うかもしれません。

「PURRRRS」	行動例	自分のテクニック	結果
Pause：立ち止まり，何が起きているのかに注目する。	親指に緑の小さな点を付けておき，よく考えて行動することを思い出せるようにしておく。		
Use：前向きの行動を取るために，自分のリソースを動員して活用する。	距離を置く。深呼吸する。ある角度で椅子の背にもたれてくつろぐ。短い散歩に出る。		
Reflect：何が今起きているのかをはっきり理解するために熟考する。	以下を自問する。 1. このフラストレーションによる合図には，どんな意味があるのだろう？ 2. すぐにも注目しなくてはならないのはなんだろう？　注目する必要のないのはなんだろう？		

	3. この状況を大袈裟に扱いすぎてないだろうか？ 4. 自分の知り合いの中でもっとも賢明な人だったら，同じ状況で何をするだろう？		
Reason：**判断し**，しっかり計画を練る。この段階では，問題を分析して，行動計画を立てはじめる。	まず，以下を自問する。 1. 自分が達成できることで，もっとも建設的なことはなんだろう？ 2. 最初にどんな手立てを講じたらいいだろう？		
Respond：計画を実行に移して，**対応する**。	段階を追って力を試していくよう，自分に言い聞かせる（たとえば，《まず，これをしよう》と言ってから，そのステップを踏む，など）。 第1段階が済んだら，次の段階をどう進めるかを自分に言い聞かせてからその段階に進み，以後，同様に続ける。		
Review：**見直し**をして，肯定的な結果を出す確率を高める。	自分の計画に不備を見つけたら，直ちに行動を修正できるかどうかを確認する。変更できるとわかった場合，その修正が結果を改善するかどうかを知るには，それをどの時点でチェックできるだろう？		
Stabilize：**安定させる**ために，「PURRRRS」の練習を続け，このプロセスが自動的に作動するようにする。	無理のない効果的な対応の練習を優先させる。そのようにして，自分の脳と心が釣り合いの取れた対応をするよう訓練していく。		

　「PURRRRS」を定期的に練習することで，怒りの破局化による衝動的な方法に代え，筋道を立てて判断する方法を習得するのです。これが身につけば，いずれ，間違った理由で腹を立てるのを避けられるようになります。

自制の旅のこの部分が簡単だとしたら，誰もがこれを実践するでしょう（が，なかなかそうもいきません）。しかし，緊張に対する耐性を身につけるためにこの道を選んだからには，このきつい旅のさなかにも――本書においても他の実生活においても――あなたに役立つ方法はたくさん見つかるはずです。

進歩の記録

鍵となる考え：本章でもっとも役立つと感じた考えを3つ，記録しておきましょう。

1.

2.

3.

行動計画：怒りすぎを克服していくためにたどろうと思ったステップを3つ，記録しておきましょう。

1.

2.

3.

実行：その3ステップを実行するためにしようと思っていること（プロセス）を記録しておきましょう。

1.

2.

3.

結果：これらのステップを踏むことで，身につけたいと思っていること――もしくは，強化してきたこと――を記録しておきましょう。

1.

2.

3.

修正点：プロセスの中で変更したい点がある場合，次回は別の方法で行なおうと思っていることを記録しておきましょう。

1.

2.

3.

第 8 章

CBTの
問題解決アプローチで
解決する

　何が問題ですか？　こう質問するのは，認知行動療法（CBT）の最初のセッションを始める際の一般的なやり方です。ここで言う《問題》とは，あなたをもっとも困らせているもののことです。この質問によって答えが引き出され，あれやこれやのやり取りを経て，中核の問題と解決方法が見つかり，あなたは安堵することになります。

　では，解決すべき問題として，寄生性の怒りを見ていきましょう。本章では，肯定的な変化を生むことを目的としたCBTの問題解決アプローチを掘り下げます。ここでは，以下を学びます。

- 問題解決の第1ステップとして，問題を明確にする方法。
- 怒りの問題に対応する問題解決アプローチの9ステップ。
- 頭の中にある寄生性の怒りの筋書きを書き直す方法。
- 危険な怒りの爆発を抑えて縮小する方法。
- 恥と怒りの関係を断ち切り，否定的になりすぎるのを避ける方法。

何が問題なのか？
||||||||||||||||||||||||||||||||||||||||||||||||||||||||

　問題が発生するのは，自分が今いる位置と，自分がいたいと思う位置とが一致していないときであり，その不一致には，わかっていないことがいろいろ含まれています。その不一致を

突破するには，思考や行動を修正して，新たな解決方法を形成しなくてはなりません。有効な答えがまだ頭にない場合は，これから少々考えて実験することになります。ときには，十分に研究されたアプローチが必要になることもあります。

問題を見つける

　怒りの問題の中には，別の何かの徴候もあります。たとえば，他者が自分を怒らせていると思っている場合，自分の問題は，相手にそれをやめさせることだと思い込んでいることもあるでしょう。あなたは相手を説得しようとしたり，なんらかの方法で幅を利かせようとしたりすることもあるかもしれません。しかし，あなたが変えられるのはあなた自身だけです。もし寄生性の怒りを生む思考が問題を助長していることに気づいたのなら，あなたは自分で解決できる問題を見つけたことになります。

　《問題を見つける》というのは，観察スキルと判断スキルを活用して，解決してこそ役立つ問題を見つけるということです。このプロセスは，問題解決の前にも，問題解決のさなかにも，進める必要があります。問題の解決に取り組みながら，解決したい問題の一部ではないとみなしていた論点を発見することもありえます。以下はその例です。

- あなたはいつも怒っているように見えるので，人から敬遠されている。人間関係はたいていピリピリしていて，自分は人に好かれていないと思うと腹立たしくなる。そこで，このサイクルから脱け出す方法を見つけようとしている。そんなとき，ある本で目を見張る一節に出会う。そこにあったのは，《あなたには，自らに対するあなた自身の見方があるが，人もそれと同じ見方で自分を見ていると思うのは，あなたの誤解である》という一文で，まるで自分のことを言っているように思えた。つまり，自分を否定的に捉えていると，人も自分を否定的に捉えていると考えてしまうということである。この洞察を活かせば，あなたは人間関係の改善に取り組みながら，自分にはもっとすばらしい資質があることを正しく評価できるようになる。
- 葛藤は，溜め込む前に処理すること——あなたには，それが賢明なやり方だとよくわかっている。自分の不快感に焦点を絞ると，自分には物事を先延ばしにする傾向があることに気づく。溜め込んだものが山積みになっていると，打ちのめされる気がして，すべてのことに怒り思考で反応してしまいそうである。不快感をごまかすという問題に取り組めば，あなたは最終的に気が軽くなり，葛藤との取り組みは早ければ早いほどストレスが少ないことにも気づく。そうなれば，あなたはきわめて大きな問題（溜め込み）を，それが始まる前にも解決することになる。

問題解決アプローチの9ステップ

「問題解決とは，明らかに，ある問題の回答を『見つけよう』と試みるプロセス，もしくは，そうするためのテクニックのことを言っています」（D'Zurilla and Goldfried 1971, 109）。人はそれぞれ自分の問題を解決しようと努力しますが，そのいずれにおいても，もっとも重要な目標のひとつは（そのトップではないとしても），自分自身に対してその問題を，明瞭かつ率直に，わかりやすく言明することです。問題解決のプロセスは，自分が何をやり遂げたいと思っているかを自分自身に語ることから始まるのかもしれません。たとえば，《いろいろなことに腹を立てて自分を悩ますのはやめにしたい。そうすれば，もっと穏やかな気持ちでいられるから》などと言明します。

つづいて，その問題の詳細を探っていきます。たとえば，「自分を悩ます」というのはどういうことを意味しているのか，そう感じているとき自分に向かってどんなことを言っているか，そこには何かつながりがあるのか，などについて考えます。自分の問題は，怒り思考を特定して変更し，もっと穏やかな気持ちになることだと決断するのです。

たいていの問題には，解決方法が複数ありますが，それらが当人にとってどれだけ役立つかという点では個々に差があります。どの解決方法がもっとも有用かは，試してみないとわからないこともあります。以下に紹介する「問題の発見＆解決の9ステップ」を踏むことによって，寄生性の怒りによって繰り返し発生する状況を寄せつけないようにしましょう。

1. **《問題を見つける》ために，繰り返し発生するストレッサーを調べる**
   怒りのきっかけとなる状況は外的な出来事によって引き起こされるのか？　何が原因でしつこい問題になっているのか？　寝不足のときや否定的な気分になっているとき，食事を食べ損ねたときなど，ささいなことに過剰反応することがよくあるか？

2. **パターンを知るために，怒りをアセスメントする**
   繰り返し起きる怒りの状況では，通常どういう行動を取っているか？　結果は，通常どうなるか？　これがわかると，自分の反応の予測に役立つか？

3. **情報をどう処理しているかを調べる**
   怒りを挑発する状況について，どんな信念をもっているか？　そうした信念の中のどれが，寄生性のものなのか？　寄生の主がわかりさえすれば，それに対して異議を唱えることができる。

4. **怒りの難問を解決するためのリソースを特定する**
   効果的なコミュニケーション・スキルが手元にあるか？　柔軟に注意を集中させつづけられるか？　言い換えれば，「賢明な自己利益 enlightened self-interest」にとって重要なものを注視しつつ，自分の行動を新たな情報に合わせられるか，というこ

と。コーピングのためのリソースに関する自分の認識は，自分の行動にどう影響を与えているか？

5．**達成可能な目標を達成するために，自分自身に方向性を示す**

簡単に言えば，目標とは，自分が達成したいと思っていることである。目標を言明する際の具体的な方法は，ふたつある。ひとつは《熟練を目ざす》もので，個人的な問題解決スキルの習得と応用を目標として掲げる。たとえば，相手との刺々しい関係を変えることについて話し合う際に寄生性の怒りを減らしたいと考えるかもしれない。今ひとつは《実績を目ざす》もので，結果を出すことを目標として掲げる。たとえば，腹を立てずに，給与の食い違いについて上司に話がしたいと思うかもしれない。熟練を目ざす目標と実績を目ざす目標が共に有意義であり，測定可能かつ達成可能な場合，そうでない場合に比べて，それらを成し遂げるために行動する可能性は高まる。

6．**目標を達成するための計画を立てる**

計画とは，目標達成を目ざして前進するとき実際に踏んでいくステップのことである。目標が攻撃的な行動を減らすことであれば，距離を置くスキルや認知的再評価のスキルを磨くといったステップを踏むことになる。怒りのせいで損なわれた人間関係の改善が目標なら，よく配慮した融和的なステップを踏むかもしれない。何が役立つと思うかは，自分で判断する。そのようにしてこそ，自分のステップである。

7．**ステップを踏んで計画したことを実行していく**

ステップによっては，易しいものも難しいものもある。情動ラベリングと適切な角度で座る方法は，すぐにできて実用的である。認知的再評価は前ふたつよりも時間がかかり，熟慮が必要になる。ずたずたになった人間関係の修復を試みるような状況では，まず，自分自身が和解的ステップを踏んでいるところを想像しよう。つまり，予行演習である。いったんその状況になったら，各ステップを踏み進みながら自分自身に語りかけつづけることが重要である。ここまでのステップを（必要に応じて調整しながら）踏み進んできた自分自身に対して，ご褒美を考えよう。ご褒美には，コーヒーを一杯飲む，テレビ番組をひとつ観るなど，普段自分が好んですることを選ぶようにする（実行後にちょっとしたご褒美があると，この先も実行する可能性が高まる）。

8．**評価と見直しを行ない，変化のプロセスを改善する**

計画の実行は，不測の事態が原因で，予期していた方向から逸れる可能性もある。そうなったら，見直しを行なう。何が役に立ちそうか？　やり直すとしたら，何をするだろう？　変えられるのは，問題のどの部分だろう？

9．**動かせないものにぶつかったら，受容が解決方法であることを受け入れる**

今はひとまずおいておくべきときであると知り，なんらかの変化があり，機会が到来したときに，再びやってみよう。刺々しい人間関係のサイクルを断ち切ろうと考

えて相手に話をもちかけても，相手が状況を変えることになんの関心ももっていなかったというようなケースがこれに当てはまる。考えはすばらしいが，タイミングが合っていなかったのである。事態によっては，当面はおいておかざるをえないものもある。

　もし友人や親族が自分と同じ怒りの問題に直面していたとしたら，あなたはその人にどんな助言をするでしょうか？　たとえば，前もって上記のステップに取り組もうとしている相手には，少し時間を取って自分がそれらをどう実行するかを視覚化してみてはどうかと提案するでしょうか？　あるいは，他の選択肢――好ましいもの，好ましくないもの，よい面と悪い面を併せもつもの――をよく考えてみるのも役立つかもしれないとアドバイスするでしょうか？　はたまた，調整できそうな部分を探ってみてはどうかと勧めるでしょうか？　さあ，次のエクササイズを行ないながら，これらと同じ助言を自分自身にしてみましょう。

問題解決アプローチの実験

　次の実験では，繰り返し発生する怒りの問題で，解決する方が，賢明な自己利益に適うと思われるものを選びましょう。以下の空欄を，親友か近い親族に助言しているつもりになって埋めてください。中央欄には，アセスメントの各要因に基づき，自分が重要だと思うステップを書き入れます。その方法を試したあと，右欄にその結果を記録しましょう。

問題解決のステップ	計画した行動	その行動の結果
《問題を見つける》ために，繰り返し発生するストレッサーを調べる。		
パターンを知るために，怒りをアセスメントする。		
情報をどう処理しているかを調べる。		
難問を解決するためのリソースを特定する。		

問題解決のステップ	計画した行動	その行動の結果
達成可能な目標を達成するために，自分自身に方向性を示す。		
目標を達成するための計画を立てる。		
ステップを踏んで計画したことを実行していく。		
評価と見直しを行ない，変化のプロセスを改善する。		
動かせないものにぶつかったら，受容が解決方法であることを受け入れる。		

　数日後に，その結果を出した自分の行動を見直しましょう。どんなことがわかりましたか？ 何を変えられそうですか？　以下にそれを記録しておきましょう。もしあなたがあなたの親友だったら，どんなことを自分に言い聞かせますか？

筋書きを変更して問題を解決する

　パーソナル・コンストラクト療法を創始した心理学者のジョージ・ケリーは認知行動理論の先駆者で，人が自分の世界を眺めるときの効果的な眺め方は数多くあり，したがって，人は環境の単なる犠牲者ではないと指摘しました。ケリーの調べによれば，人は，自分がその行動を取る理由や，他者がその行動を取る理由，諸事の原因について，さまざまな理論を創り出していて，その構成概念（コンストラクト）というフィルターを通して，現実を見ています。そして，なんらかの状況について歪曲した見方が存在しても，その歪曲に気づかずに行動します（Kelly 1955）。

　物事の解釈は，想像してそれを採用しようと思えば，いくらでもそうできます。各解釈の有用性には，差があるかもしれません。難しいのは，常に前のものよりよい解釈を考えつくことです（Kelly 1969, 125）。ケリーが提案しているのは，自分の能力を向上させ観点を拡大する新しい行動を試すことによって，状況をリフレーミングすることです。彼はワークの焦点を，役割の変更に絞っていましたが，彼のワークは，寄生性の怒りを煽る否定的非難による評価や誇張の変更にも応用できます。

筋書きを書き直して問題を解決するエクササイズ

　以下は，ケリー式アプローチの改良版です。ステップを踏み，新しい筋書きを創り，寄生性の怒りによる不要な問題を軽減できるかどうか，見てみましょう。

1．腹を立てたことが不都合につながったケースをいくつか思い出す。それは寄生性のものだったと自分に語りかけていると，何を思い出すだろう？　それが，あなたの怒りの筋書きである。

2．自分の思考にどのような変化が起これば，怒り絡みの不和を減らして生きていくのに役立つだろうか？

3．怒りが不和を助長するような考え方には固有の問題があり，2で考えた思考上の変化は，その問題を無効にすると信じるに足る根拠がなくてはならない。そうした根拠のある思考上の変化に基づいて，新しい筋書きを創る（筋書きは，筋が通っていて，もっともらしく，実行可能だと思われるものでなくてはならない）。

4．心の中で，ひととおりリハーサルをしてみる。次のステップで，自分のためにそれがどう役立つかをチェックする。

5．新しい筋書きの結果に基づいて，その筋書きに修正を加える。

6．怒りが引き金になる未来の状況——4のリハーサルで試したような状況——で筋書きのテストをする。筋書きは，最後まで実行する。

以下の囲み内に，この実験の結果を記録しておきましょう。

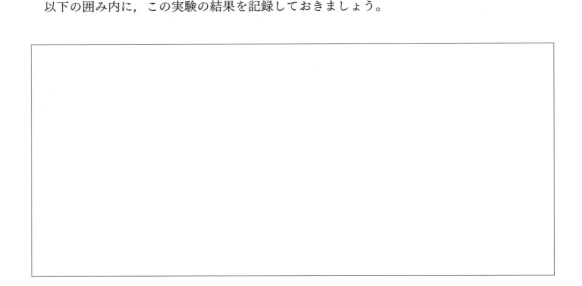

　筋書きを変更し，それまでの歪曲をなくした状態で同じ状況に対応できているかのように行動することによって，寄生性の筋書きよりも自分に役立つ新たな構成概念を，自分の力で創ることができます。

怒りの発作に関する問題を解決する

　怒りの過剰はすべてセルフモニタリングに耐えますが，断続的な爆発反応（怒り発作，怒りの爆発）は特別な脅威となります。物を壊す，人をめった打ちにする，大声で叫ぶ，怒り狂って相手を道の外れに追い込む，法的問題になりかねないことを闇雲にする，といったことをするかもしれません。たったひとつの出来事があなたの人生と他者の人生を劇的に変えてしまう可能性もあります。では，こうした混乱状態には関わらないでいたい場合，あなたには何ができるのでしょう？

　最近の研究が示唆するところによれば，爆発性の怒りは，気分障害や不安，薬物乱用，心的外傷後ストレス障害と同時に発生する可能性があります（Coccaro 2019）。ある全国調査によって，情緒障害や薬物乱用の問題を抱えている人は自分の時間の約60％を使ってなんらかの治療を受けている一方で，怒りに関する専門的治療を受けているのは，被験者の29％に過ぎないことが明らかになっています（Kessler et al. 2006）。しかしながら，怒りも重大な問題です。では，どうしたらいいのでしょう？

　情動ラベリングは，こうした爆発性の怒りが発生するのを減らすひとつの方法です（Fahlgren et al. 2019）。ちょっと立ち止まり，今感じている気持ちに名前をつけることによって，好スタ

ートを切るのです。しかし，そもそも自分が感じている気持ちが何なのかよくわからない場合は，どうしたらいいのでしょう？　手がかりは，そのとき考えていることの中にあります。

　怒り思考のテーマになるものとしては，《おまえなんか，大っ嫌いだ》，《痛い目に遭わせてやる》，《そうはすべきじゃない》，《おまえのせいだ，この役立たず》などがあります。同じ言葉は使わないかもしれませんが，根底の考えがだいたいこのようなものなら，その気持ちには「怒り」とラベリングしましょう。

　しかし，もし怒りに気づいていても，考えとして出てこないとしたら，どうしたらいいのでしょう？　その場合は，《もしこの怒りが自分と話をするとしたら，どういうことを言うだろうか？》と自問します。また，激しい怒りがいきなり湧いてきたように感じる場合は，どうしたらいいのでしょう？　そうなったときには，そう感じる前に気分の変化がなかったか，その気分の変化が反映されていないかに，注目します。そうした情報は，小休止したり，じっと待ったり，気分を変えるために行動したりすることを促す早期警戒の合図かもしれません。

　寄生性の思考が爆発性の怒りと融合すると自分でわかっている状況で，いくらかでも時間を稼ぐために怒り思考を和らげるにはどうしたらいいのでしょう？　自分の否定的な思考を，ふわふわの羽毛だと想像します。そして，その羽毛がそよ風に乗り，青空のもと，開けた場所（草原，滔々と流れる川）の上を漂っていく様子を思い描き，羽毛の跡を追います。

　断続的に怒りを爆発させる傾向がある場合は，平均的な人よりも他者に共感しやすいのかもしれません（Fahlgren et al. 2019）。その場合は以下の方法を使い，その共感を内面に向けて，自分の反応を和らげるのに役立てましょう。

先を読む

　財布に収まるくらいのカードを用意し，それに《もし自分がこの瞬間，相手の立場になったら，その相手に自分をどう扱ってほしい？》というメッセージを書く。怒りがこみ上げてくるのを感じたら，そのカードを取り出して，メッセージを数回読む。

イメージを切り換える

　攻撃対象にしている人物に注意を集中させるのではなく，その人物の立場に別の誰かがいることを想像する。親友やお気に入りの姪っ子，大切に思っている別の誰かが，その人物と同じことをしていると想像したとき，同様の否定的な考えが浮かぶだろうか？

　これは，誘導付きのセルフヘルプ策と専門家の助けの組み合わせが役立ちうる領域です。

恥から来る怒りの問題を解決する

　あなたは自分の理想の基準に達していません。あなたは欠点を晒しました（まるで，あなたにだけ欠点があるかのように）。酔っ払って，夕食のテーブルに嘔吐したのです。周りの注目を集めて自分が目立っていると感じるとき，それを恥ずかしいと不快に思うのは，そこに自らの捉え方が反映されているからです。罪悪感は否定的な行為への評価ですが，恥は罪悪感と異なり，全体を否定的に捉える感覚で，自分という存在全体を評価し非難するものです。衆人環視の中で自分自身を欠点のある存在だとみなし，自分という存在全体が辱められたと感じ，無価値だと感じるのです。

　恥は，怒りと攻撃の引き金になります（Tangney et al. 1996）。怒りは，恥に対する邪悪な側面です（Bear et al. 2009）。恥ずかしいと思いがちで，殊にその恥が《条件つき価値》と呼ばれる考え方に汚染されている場合，怒って否定的な結果を招く傾向が強くなります。恥と怒りが同時に存在して複雑に絡み合った状況もあります。恥は無価値を象徴し，怒りはパワーを象徴しています。その混在は論理的に矛盾しています。しかしながら，私たちは精神的な存在であって，必ずしも標準的な論理に従って生きているわけではありません。

　自分がこうした複雑に絡んだ状況にいることに気づいたら，以下の実験をしてみましょう。

　あなたは，この地上にいる自分以外のすべての人と同じように《多元的》です。すなわち，あなたには，能力や関心，価値観，感情，習性，性癖，習慣，知力，特殊な才能など，何百という属性があるということです。無数の経験と学習もしています。さらに，物事の取り組み方も状況に応じてさまざまです。

　あなたには必ず弱点があります。あなたは間違いも犯します。それは，人間であれば当然のことです。人並み以上にばかなことをしでかすことさえあるかもしれません。そうした自分の行動を，もちろんあなたは判定して評価することができます。自分に全般的な評価を下す際は，自分の責任でしなくてはなりません。

　どのような人にも相応以上の弱点や欠点があるため，自分だけ欠点がまったくない例外でありたいと思うのは現実的ではありません。現実を受け入れることです。そうすれば，自分の価値を欠点や間違い，不公正な行為を基準に考えるような「条件つき価値」の罠にはまる傾向は低くなります。この罠にはまるのは，永久に消えない緋文字のW〔訳注：「役立たず」を意味するworthlessの頭文字〕を，永久に恥じつづける象徴として，額の真ん中に入れるようなものです。もっとよい方法があってしかるべきです。

　もしあなたが自分を恥じ，自分は役立たずだと思っているなら，以下を自問しましょう。

　《もし私が数多くの属性を備え，数多くの人生経験を積んでいる多元的存在であるとしたら，何か愚かなことをしたからと言って，どうして自分を「役立たず」のひと言で括りうるだろう？》

　この答えは，「自分の定義は自分のヘマを根拠にするしかないという前提を受け入れないかぎり，自分をひとつだけに括ることはできない」となります。一方，自らの行動の一部は嫌いつつ，自分という存在全体を受け入れるのであれば，条件つき価値の罠から自らを解放し，自らの不完全さに対する怒りの原因を減らすことができます。

進歩の記録

<ruby>進歩の記録<rt>プログレス・ログ</rt></ruby>

鍵となる考え：本章でもっとも役立つと感じた考えを3つ，記録しておきましょう。

1.

2.

3.

行動計画：怒りすぎを克服していくためにたどろうと思ったステップを3つ，記録しておきましょう。

1.

2.

3.

実行：その3ステップを実行するためにしようと思っていること（プロセス）を記録しておきましょう。

1.

2.

3.

結果：これらのステップを踏むことで，身につけたいと思っていること──もしくは，強化してきたこと──を記録しておきましょう。

1.

2.

3.

修正点：プロセスの中で変更したい点がある場合，次回は別の方法で行なおうと思っていることを記録しておきましょう。

1.

2.

3.

第 **9** 章

アサーティヴに
解決する

　たいていの人は，他者の権利を侵害したり，他者に自分の権利を侵害されたりすることなく，自分の人生を送りたいと思っています。しかし，私たちは，あれやこれやの理由で他者との対立が発生する社会的な世界で暮らしてもいます。価値観や信念，能力，欲求，関心があなたとは異なる人々は，あなたに異議を唱える傾向があるでしょうし，中には，あなたに付け入ろうとする者もいるでしょう。人によっては，自らの行動にあまり注意を払わず，たとえて言うなら，あなたの足指を踏みつけてくるでしょう。こうしたさまざまな状況下でどのようにうまく対処するかが，違いを生み出します。これから一緒に，アサーティヴに解決する方法をいろいろ見ていきましょう。本章では，以下を掘り下げます。

- アサーティヴネスとは，その達人の観点から見ると，どう役立つものなのか。
- 自らを主張するベストな方法を見きわめるために，他者の目的をどう予想するか。
- 同時に多様な事情に向き合わなくてはならない複雑な状況で，自らを主張することの重要性。
- アサーティヴな考え方が生むプラス面とマイナス面。

アサーティヴネスの達人の観点

　自分が自らを主張しなかったら，いったい誰が代わりにそうしてくれるでしょう？　ときに

は友人が手助けしてくれるかもしれません。親切な他人が見つかるかもしれません。しかし，「賢明な自己利益 enlightened self-interest」を高める責任は，ほぼ自分自身にあります。アサーティヴネスは自己主張の一プロセスであり，その中で，自分の権利のために立ち上がり，賢明な自己利益を高めるために，建設的に行動するのです。アサーティヴな考え方は，攻撃とは大きく異なります。攻撃は危害を加えるための行動を実行することであり，アサーティヴネスは，自分自身の指揮を取り，効果的に自分の考えを述べ，肯定的な影響を与えることです。

　自己抑制傾向の強い内気な人と有害な攻撃パターンをもつ人は，自己主張スキル^{アサーション}の学習に別角度から取り組みます。抑制からアサーティヴネスに移行するには，本物の自己表現能力を高めることが必要です。攻撃からアサーティヴネスに移行するには，攻撃的な行動を禁止して，本物の自己表現能力を高めることが必要です。

　アサーティヴネスの訓練は，1940年代にセラピストのアンドリュー・ソルター（Salter 1949）が取り組みはじめたもので，内気な人が自分の肯定的な感情や否定的な感情，不満を表に出せるようにし，褒め言葉を受け入れたり表現したりできるようにするためのものでした。その後，取り組みの焦点は，アサーティヴネスの創始者ロバート・アルベルティとマイケル・エモンズ（Alberti and Emmons 2017）のワークを通じて広がりつづけています。

　アサーティヴネスは十分に活用されていないことが多いのですが，さまざまな不快な状態にまたがる否定的要因を変化させるのに，きわめて効果的な方法です（Speed, Goldstein, and Goldfried 2018）。たとえば，自己主張^{アサーション}は攻撃に代わるものとして特に優れています。アサーティヴネスのスキルを磨くことによって，攻撃の副次的影響を発生させることなく，自分の気持ちを表現することができます。

アサーティヴネスの10戦略

　ロゴセラピーの創始者で精神科医のヴィクトール・フランクルは，自由とはさまざまな状況から解放されることではなく，どのような状況に直面しようとも，なんの束縛も受けずに立場を明確にできることであると書いています（Frankle 1988）。ロバート・アルベルティとマイケル・エモンズ（Alberti and Emmons 1970, 2017）は『自己主張トレーニング』（東京図書）の原著『Your Perfect Right』の初版から第10版までの間に自分たちの見解を発展させ，アサーティヴネスについて，他者と同等の立場を維持するための自己表現の一形態だとし，その目的を，他者を踏みつけにしたり，他者に踏みつけられたりすることなく，他者と仲よく暮らしていくことであると説明しています。ふたりの方法には，人に手を差し伸べること，人を褒めること，自分が間違っている場合は謝ることなどが含まれています。

　以下の表では，攻撃に代わる自己主張^{アサーション}の10の方法とその目的を説明しています。文脈が重要だという点は心に留めておいてください。はっきり話すことで危害が大きくなるなら，自

己主張は控えることが適切です。この表は，なんらかの問題へのアサーティヴな対応を検討する際に参照すると，自分の目的を明確にした上で取り組み方を決定するのに役立つかもしれません。

アサーティヴネスの戦略	目的
時宜を得た行動を取る。	対立について，早めに取り組むなり，早めに解決に努めるなりすることで，怒りの助長や加速を避ける。
自分の考えと発言に責任をもつ。	望んでいることを明確に語り，不要な混乱を避ける。
非難拡張思考を鎮める。	受容力を高めることで，身構えることを減らし，その泥濘の雑草を掻き分けて進む時間を節約する。
褒め言葉を気持ちよくやり取りする。	相手を褒め，相手からの褒め言葉を受け取ることで，肯定的な人間関係を促進し，そのような人間関係の間にある怒りを軽減する。
あるゴタゴタに時間をかける価値がないとき，心を決める。	何事であれ自分の気に入らないことがあれば，それらについては異議を唱えて構わない。しかし，その時間を使って，自分の大好きなことに打ち込むことのほうがもっと重要かもしれない。
通常のアイ・コンタクトを維持する。	アイ・コンタクトで自信と確信を示し，相手をにらみ倒そうとしたり非難の目で見たりすることがないようにする。
心地よい距離を保つ。	相手のスペースに浸入するのを避け，テリトリー絡みの怒りを引き起こさないようにする（米国における苦痛のない距離は，通常，約90cm）。
くつろいだ状態であることがはっきり伝わるようにする。	自分がリラックスしていると感じていれば，有能で自信に満ちて安心している状態が相手に伝わる。
批判とフィードバックを現実的に受け入れる。	有用なフィードバックや批判は，「それを言ってくれてありがたい。それ，よくわかるよ」など，賛意のこもった反応を引き起こす。
共通点を見きわめる。	意見の不一致がもっともな場合は，もう少し「ギブ・アンド・テイク」で取り組める領域で意見交換を始める。

アサーティヴネス・アプローチの12ステップ

　賢明な自己利益の向上には，あなた自身と他者との間の架橋も含まれています。以下の12ステップをたどることで，その橋を歩きはじめられるようになります。

その状況を真剣に受け止めるが，個人攻撃とは考えない
　自分がやり遂げたいと思うことに焦点を絞り，自我には注目しないようにすると，思考プロセスはなめらかに流れる可能性が高まる。結果の感触を得る前に，問題が見える可能性もある。
一方的に判断しない姿勢を維持する
　人とその行動とを切り離すと，受け入れがたい行動は受け入れなくても，その人物は

受け入れることができる。そもそも，このふたつを分離するための慎重な努力は，たいていの人に必要である。人は受け入れられたと感じると，自分の立ち位置を批判的に見られるようになる。また，アサーティヴな立ち位置は融通が利かないどころか，むしろ，まさにそのとき展開している事実によって形成されるものである。

まず，自分の怒りを解決する

寄生性の怒り思考から心がほぼ解放されると，効果的に自らを主張することができるようになる。以下は，手早くチェックしておきたい事柄である。自分は，非難拡張思考を既に減らしているだろうか？　過剰な一般化はもうしていないだろうか？　基本的な帰属錯誤は回避できているだろうか？（帰属錯誤について復習するには第2章参照）　その状況をありのまま受け入れているだろうか？

問題について，適正な立場で考える

状況によっては，価値観を選択することになる。以下は，そうした価値観について明確にするシンプルなテクニックで，次の3点を自問する。《もしこれをするとしたら，自分は何を手に入れ，何を失うだろう？　もしこれをしたら，自分は誰を傷つけることになり，なぜそうなるのか？　曖昧な状況の場合，行動を起こす前にうまく独立情報が手に入るだろうか？》「〜について考える」というのは，アサーティヴな行為である。

その瞬間に縛られない思考をする

その瞬間より先の時点に照準を合わせることは，総体的な見方の維持に役立つ。それには，以下の自問が役立つだろう。《自分は何をやり遂げたいと思っているのか？　どのようなタイプの人間関係を築けたらいいと思っているのか？》　その瞬間に縛られずに思考することによって，自分が望んでいる肯定的な結果を妨害しかねない怒りの衝動を避けることができる。

自然な態度であることが伝わる口調かどうかをチェックする

口調を設定する。そうすれば，方向性も設定できる。自分の考えを主張するとき，自然でオープンな，敵意のない気持ちのよい態度を取れば，好ましい効果を生む可能性が高まる。自然でオープンな口調は，同じ口調の応答を聞ける可能性も高まる。

自分の言葉遣いにマインドフルになる

侮蔑的な言葉は他者を激怒させる可能性がある。そうした言葉を遣うと，ひとつの否定的な言葉が別の否定的な言葉を引き出すという報復状況の引き金になりかねない。相手を守りの体勢に入らせる言葉遣いをしない方が，効果的に自分の立場を主張できそうである。コミュニケーションは双方向のものである。もし相手が侮蔑的な言葉遣いをしたら，あなたはそれをどう考えるだろう？　闘いに参入することもできれば，正確ではあっても侮蔑的ではない言葉遣いをしてみせることもできる。問題に正面から向き合い，人をへこます言葉や見下す言葉，その他の感情に駆られて発した言葉がいかにコミュニケーションを疎外するかを指摘したあと，そこから話を続けることもできる。

コンセプトに基づいて話す

コンセプトは，言葉を支えている考えである。自然な会話で，言葉をいちいち考え抜こうとすると，状況を変えることから注意がそれて，弱い立場に陥りかねない。《コンセプトに基づいて話す》というのは，問題を明確に把握し，わかってもらいたいと思っている自分の考えについても明確に把握しているということである。そういう状態であれば，語る言葉にそれが反映されるはずである。

客観的に事実を伝える

まず事実を集める（前もって調査したり，現在進行中のプロセスの中で質問したりする）。入手しうる最善の情報を使う。話すときには，もっとも自信のあることを強調する。曖昧な状況では，相手の見解を特によくチェックする。実証できる情報を使って誤解を解明する。

問題から離れない

コミュニケーションは，異なる見解をもっている可能性のある者の間で交わされる双方向のものであるため，アサーティヴなコミュニケーションでは，他者が主張している間も，自分の方向性を維持し，達成目標から離れないことが理想的である。何を話し，何をするかは，自分で選択することができる。その選択をしっかりして，重要な問題に焦点を絞りつづけることが肝心である。

重要なポイントを3つ用意しておく

何かを言いもらし，あとになって，ああ言っておけばよかったと思うことは，よくある。誰にでも起きることである。このリスクを減らすために，重要なポイントを3つ考えておき，早々にそれらを話すようにする。

必要に応じて段階的に拡大する

自分の求める結果を得やすくするには，最小の自己主張（アサーション）から始めて，次第に重要な考えを追加し，自分の立場を明確にしていくことが大切である。段階的に拡大していくこの方法について考える場合は，相手の気持ちと，自分側の利益に反発して出てきそうな解釈を考量する。言うなれば，《卵の殻を割るのに，大きなハンマーは不要》ということである。

今度はあなたがこの12ステップを試してみる番です。

12ステップ・アサーティヴネス・アプローチ

アサーティヴに行動するとき，あなたが味わう自由の感覚は大きくなりますか？　ここで，実験です。次の表の左欄には，今述べてきた12のステップがリストアップしてあります。近々起こるとわかっている問題——請求額についての議論，なんらかの問題に関する見解の

相違の解決など——があるなら，各ステップを検討しましょう。結論が出たら，中央欄には，問題状況においてあなたが取った行動を，右欄には，その結果を書き入れます。

アサーティヴネスの 12ステップ	自分が取った行動	結果
その状況を真剣に受け止めるが，個人攻撃とは考えない。		
一方的に判断しない姿勢を維持する。		
まず，自分の怒りを解決する。		
問題について，適正な立場で考える。		
その瞬間に縛られない思考をする。		
自然な態度であることが伝わる口調かどうかをチェックする。		
自分の言葉遣いにマインドフルになる。		
コンセプトに基づいて話す。		
客観的に事実を伝える。		
問題から離れない。		
重要なポイントを3つ用意しておく。		
必要に応じて段階的に拡大する。		

　このプロセスを数多くこなすことで，アサーティヴなスキルを磨き，賢明な自己利益に関して生じた問題を効果的に解決する練習ができます。事実に鑑みて，アサーティヴな行動の段階的拡大が正当化できないことがわかったり，取り組むことで生じるコストが利益を大幅に上回ることがわかったりした場合には，遠慮なく考え直してください。

目的を予想する方法

　人里離れた山の頂上にでも暮らしているのでなければ，《自分の内面にばかり気を取られて》周囲に注意を払えない人や，《自分の利益のことばかり考えて》あなたや他者に迷惑がかかるかどうかをほとんど気にしない人に，たまには遭遇するでしょう。そういう状況では，特別なアサーティヴネスが必要となる難題がもち上がります。

　《この人の目的はなんだろう？》——こう考える人はめったにいませんが，これは，日常的に行なう価値のある自問です。こう自問すると，一時的に距離を取ることができます。少し立ち止まり，結論に飛びついて過剰反応するのを避けるのに役立ちます。しかし，それだけではありません。その状況における相手の目的を仮定することで，両者に関わる問題の解決方法の交渉において自分にどれだけ順応性があるのか，いつ行き詰まることになりそうか，自分の選択肢は多いのか少ないのかなどを判断できるようにもなります。しかしながら，仮定は検証を要する信念です。それでも，相手の目的を仮定しておけば，非難を拡張したり，自分自身の目的を見失ったりする傾向は軽減できるでしょう。

　目的を予想する方法は，アサーティヴネスに関わるたいていの状況に適用できます。以下は有害事象の例です。あなたはスーパーマーケットの列に並んでいます。年配の女性がパンパンに詰まった財布からクーポンを取り出そうともぞもぞ手を動かしながら，期限切れのクーポンでも認めるようにと，レジ係と言い争っています。この女性の目的はなんでしょう？お金を節約したいのだろうということは当然想定できます。背景の問題として，周囲が口添えしたら事態は収まるのかどうかという点もあります。結論としては，女性は1ドル得をしようと躍起になり（目的），そのことに気を取られすぎて自分の周りで何が起きているのかに注意を払えなくなっている（背景）と言えそうです。あなたはその状況に首を突っ込み，「さっさと済ませる方がいいんじゃないですか」と女性に言いますか？　もし苛立っているとしたら，あなたの目的は憂さを晴らすことでしょうか？　彼女を急がせることでしょうか？　それとも，もめごとに関わると余計に遅れるだろうと考えて，「放っておく」でしょうか？

　相手が自分の行動に注意を払っていないせいであなたが迷惑を被っている場合，あなたが冷静にその事実を伝えて，相手の注意を喚起すれば，たいていの人はその行動を止めます。そういう人たちの暗黙の目的は，たぶん頭の中にある何事かを解決することであり，中には，自分の周りで起きていることが見えなくなっている人もいます。ただ，自己主張を要する状

況の一部は，通常，解決に時間がかかります。

　たとえば，普段から人前にあまり姿を見せない隣人が，庭にトタン板の物置を設置しはじめたとしましょう。ところが，その一角が60cmほど，あなたの土地にはみ出しています。あなたは冷静な態度で隣人に近づいて土地の境界を示すピンを指差し，親切にも物置の移動の手伝いを買って出ました。しかし，隣人は，「あんたがピンを動かしたに違いない。なんでこれくらいのことで大騒ぎするんだ？　木だらけの場所だ。どっちみち誰も使わん」と言い，背を向けて作業を続けます。

　この隣人の目的はなんでしょうか？　はっきりしているのは，物置を今の場所に置いておきたいということです。さらに，物置を移動する面倒を避けたいということもあるかもしれません。では，あなたの目的はなんでしょう？　物置が自分の土地にはみ出さないようにしたいのなら，たとえば，以下のように隣人に対して自己主張することができます。すなわち，普段どおりのはっきり聞こえる自信に満ちた声と断固とした口調で，「私がピンを動かしたということを証明できないのであれば，今日の日付が変わる前に，あなたは物置を自分の土地に移動する必要があります」と告知するのです。予定時刻を伝えると，プレッシャーを発生させることができます。これであなたは自由にその場を立ち去ることができます（私は個人的に，自信に満ちたはっきりした態度で，時間ベースで進める行動が効を奏しうると思っていますが，例外がないわけではありません）。

　段階的にアサーティヴネスを拡大していく方法では，相手の目的を認識するという文脈の中で，自分が望んでいることについて，最初に簡単な宣言を発することがよくあります。これは，自分が求めている結果を出せるだけのことはするという考え方に基づくもので，もし第1段階が不十分なら，レベルを上げていきます。たとえば，隣人は物置を動かさなかったとしましょう。あなたは調査員を雇って，土地の境界線を確認するかもしれません（事実を片づけていくというのは，通常は役に立ち，これはその好例のひとつです）。境界のピンの位置が正しいと証明することは，隣人に物置を移動させるのに必要な圧力かもしれません。事実を提示するのです。それでもこの隣人が譲歩しないなら，次のステップに進みます。

　境界線の位置は正しいことを証明しました。あなたは本件を警察に提示して助けを求め，それで問題にけりをつけなくてはなりません。しかし，隣人がそれでも譲歩しない場合（中には，自分の思いどおりできることを証明したいという理不尽な動機をもつ人もいます）は，法的な解決にまでもち込み，隣人に物置を強制的に移動させることになります。その結果はどうあれ，次は，怒り心頭の隣人に対する計画を立てることになるでしょう。

アサーティヴネスが活きる複雑な状況

　問題状況によっては，あなたのアサーティヴな行動が多くの人のためになります。たとえ

ば，搭乗ゲートで待っていると，出発直前になってフライトがキャンセルされたとしましょう。そのフライトは，数ヵ所を経由するものだったため，乗り継ぎの必要な乗客はうまく乗り継ぎできなくなることもありそうです。30人以上がフライトを変更するために列に並びました。

　カウンターの最初の乗客が，「重要な会議に出席しなくてはならないんだ」と係員に怒鳴っています。彼は自家用機を要求し，その熱弁は7分以上続いていて，なかなか終わりそうにありません。動揺している係員は謝罪すると同時に，フライトをあとの便に変更するか，別の航空会社を使うかする必要があることを伝えています。怒鳴りちらしている乗客の目的は，できるだけ早くフライトを確保することと，たぶん，この迷惑な事態をめぐって生じた緊張から解放されることでしょう。係員の目的は，この乗客を片づけて，他の乗客に対応することです。列の2番目に並んでいるジェッドを含めた，残り30名の目的は，迅速に対応してもらって，別のフライトを用意してもらうことです。

　ジェッドは落ち着いた口調で言いました。「すみません。私もあなたと同じですよ。ひどいもんです，こんな急に……。でも，うしろをご覧になってください。長い列ができていますし，みんな，待たされてイライラしています。そこでご提案なんですが，対応する権限をもつ上の人に掛け合ってみたらいかがでしょう？」

　怒鳴っていた乗客がうなずいて了解したので，ジェッドは係員を見て，「この紳士のために，上の人に連絡できますか？　重要な会議があって，なんとかしなくちゃならないそうですから」と頼みました。係員は電話をかけました。男性乗客はこの時点で，応援を得て幸せな気分になっていました。彼は責任者に会える場所に向かって歩いていきました。ジェッドは係員に，「大変な朝になりそうですね。本当にお疲れさまです」と言いました。係員はジェッドのフライトを見つけるために尽力してくれました。

　上記の状況や，そのほかのどういう状況であれ，対応を前もって練習することは可能だったでしょうか？　そうは思えません。この手の状況はすべて，自分の望むとおりにうまく収まるものでしょうか？　たぶんそうはいかないでしょう。確かに，自分の予定をどうしても変えようとしない人はいるものです。そのような態度を取るのは，自分の立場を堅持することがその人の目的であったり，自我に拘りすぎていて状況に順応できなかったり，柔軟性に欠けていたり，自分には自分の思いどおりにする権利があると思い込んでいたりするからです。ときには，時間と努力を考量しても，それが自己主張をして得る利得に値しないこともあります。なんでも自分の思うとおりにいくわけではありません。

　目標達成で得られる自己利益の主張をしっかり練習しましょう。そうしながら，他者が何を達成したいと思っているかについてマインドフルになるのです。すると，ある時点で，それまで練習してきたことの多くが統合され，自己主張が自然に感じられるようになります。

アサーティヴな考え方を生み出す

〓〓〓

　アサーティヴネスは単に，レストランで煮込みすぎた料理を突き返すときや，うんざり顔のレジ係に自分の人生話を聞かせつづけている前の客に声をかけるとき，役立つだけではありません。恋を実らせようとしていたり，ある教育を受けるための対策を講じていたり，魅力のある創造的な仕事をしようとしているといった状況でも役立ちます。既に述べたことですが，これはつまり，他者を不必要に傷つけることなく，自分がほしいと思うものを追い求めるということです。

　アサーティヴネスは，自己利益の主張や増進が重要となる状況での実用的な生活哲学として取り組むことができるものです。しかし，アサーティヴな考え方は，多くの人にとって簡単に身につくものではありません。実際，この考え方を発展させるには，基本的なアサーティヴネスのスキルを練習した上で，それらを長期的な問題解決の課題に適用していかなくてはなりません。

　アサーティヴネスに弱点はあるのでしょうか？　熟練のアサーティヴ方式を身につけたからと言って，自分の言いたいことをわかってもらったり，問題を解決したり，論争になりやすい現在進行中の状況を止めたりできる保証はありません。自分自身を主張し，相手の利益とぶつかっていると，人気投票のような場面ではあまり勝てないかもしれません。影響力をもつことはできても，相手の観点や反応をコントロールすることはできません。以下は，アサーティヴネスがもつ弱点の例です。

- 一部の状況には，交渉や取り引きが含まれるため，相手の行動によって不利な立場に立たされることもある。交渉や調整に相手は快く対応してくれるが，完全に黙認するわけではなく，したがって，譲歩はしないだろう。ときには，自分の望んでいるものを100％手に入れるには，ほかの犠牲を払わざるをえないこともある。問題を解決するためには，望んでいるものに満たなくてもよしとするのも，選択肢のひとつである。
- 誰かが意図的に不当な行動を取っている場合，偏った判断は何も加えず事実に基づく自己主張（アサーション）で巧みに対応していたとしても，また，たとえ自分がその年のアサーティヴネスを象徴する人物であったとしても，相手は防衛反応を示す可能性が高い。搾取的行動に余念のない人は，概して，いかなる人から非難されることも望まない。
- こちらが筋道を立てて明確かつ前向きに，自信をもって自分の立場を示しても，一部の人は依然として自らを有利な立場に置こうするかもしれない。自分の能力を過大評価する人が多いことを証明している科学的文献は膨大な数に上る。
- 自分に自信のない人があなたに圧倒されて恨みをもつようになった場合，その人はのちに，あなたを秘かに傷つける行動を取るようになるかもしれない。このような結果

を引き起こすリスクを減らすには，双方の利益についてマインドフルになり，公平に行動するとよいだろう。

　たいていの人は，自己主張(アサーション)の標的になりたいとは思わなくても，おそらく，怒りや攻撃の標的になるよりはそちらの方がいいと思うでしょう。しかし，ときには，なんらかの悪意を予期したおかげで，自己利益を守ることができる場合もあります。次章では，積極的かつ省察的なコミュニケーションについて学びます。このタイプのコミュニケーションは，自己主張(アサーション)を和らげ，自らの有効性を高めることができます。

進歩の記録

（プログレス・ログ）

鍵となる考え：本章でもっとも役立つと感じた考えを3つ，記録しておきましょう。

1.

2.

3.

行動計画：怒りすぎを克服していくためにたどろうと思ったステップを3つ，記録しておきましょう。

1.

2.

3.

実行：その3ステップを実行するためにしようと思っていること（プロセス）を記録しておきましょう。

1.

2.

3.

結果：これらのステップを踏むことで，身につけたいと思っていること――もしくは，強化してきたこと――を記録しておきましょう。

1.

2.

3.

修正点：プロセスの中で変更したい点がある場合，次回は別の方法で行なおうと思っていることを記録しておきましょう。

1.

2.

3.

第 10 章

効果的に
気持ちを伝える

「ストレス－怒り－ストレス」サイクル（第6章）にはまっていると，自分が人とのコミュニケーションのいくつかを台無しにしたことや，あとになって，言っておいたらよかった，言わないでおいたらよかったと後悔していることに，おそらく気づくことでしょう。積極的かつ省察的なコミュニケーションを取ることによって，このサイクルを予防したり中断したりすることは可能でしょうか？　争いに発展しそうな状況でコミュニケーション・スキルを高めうるアサーティヴなコミュニケーション戦略を，これから一緒に探っていきましょう。ここでは特に，以下の方法を見ていきます。

- 怒りに関する誤った前提を取り除き，自分自身とのコミュニケーションを改善する。
- 積極的かつ省察的なコミュニケーションによって，生産的効果を生み出す。
- アサーティヴな質問を活用して目標を設定し，人に付け込まれるのを回避する。
- 自分の「アジェンダ」を管理する。

前提をチェックする

前提と怒りのつながりに関する調査はほとんど行なわれていません。しかし，さまざまな前提が，水に落としたインクのように，寄生性の怒りと混じり合っています。そこで，怒りを駆り立てる前提を分離し，この隠れた重荷から自由になる方法を探っていきましょう。

私たちは四六時中何やかやと予想しています。予想して立てた前提は，証拠はないものの自分が真実だと認めたこと，もしくは，決着済みの事実として自分が当然だとみなしたことです。信念同様，正確だと証明されているものもあれば，一部真実を含むもの，たったひとつの砂粒ほどの価値すらないものもあります。異議を唱えうるものだと認識されるまで，それらは問題にされることはありません。前提には，ほぼ正確なものから，己を欺かんばかりの作り話まで，さまざまなものがあります。以下は，そうした2種類の前提の実例です。

- 木からリンゴを落とせば，それは落下するはずである。リンゴが木から落ちはじめたと思ったら，向きを変え，成層圏に向かっていくところを，これまでに何回見たことがあるだろうか？　重力の法則によって，落下は説明がつく。
- 台所の蛇口をひねれば水が流れるのは，ほぼ確実である。そう前提するのは適切である。いつ何時でもとは保証できないが，水が流れない方に賭ける人はいないだろう。
- 人間は脳の10％しか使っていないという話を聞いたことがあるかもしれない。すなわち，脳の力をもう少し余計に使えば，あなたも天才に近づけるということである。ところで，残りの90％は何をしているのだろう？　ぶらぶら遊んでいるのだろうか？この前提を支持する有力な証拠はない。
- 非難の拡張は誤った前提と融合している。たとえば，誰かのせいで不快な思いをすると，その相手は芯まで腐っているから，最悪の報いを受けて当然だなどと考える。そこには，相手を傷つけ，相手に苦痛を与える権利が自分にはあるという前提がある。どこにその証拠があるのだろう？
- 前提の評価における自己欺瞞の最たるものは，さまざまな出来事のせいで腹が立つとするものである。電車が遅れた。だから腹が立つ。まるで，そう感じる以外に選択肢がないと前提しているかのように振る舞う。知人が顔をそむけたとしよう。そうなったら必ず腹を立てるのだろうか？　あいつは顔をそむけたという結論に飛びついたあとで，相手が気を失いかけているのを見たとしたら，どうだろう？

　数多くの誤解の裏には，誤った前提があります。誰かの意図について，なんらかの結論に飛びつき腹を立てた場合，相手の意図に関する前提が正しいという証拠はどこにあるのでしょう？　もしあなたに，ある政治家に対する強い否定的偏見があるとしたら，あなたの前提は，その候補者の親しい支持者や友人のもつ前提と同じでしょうか？　誰が正しいのでしょう？
　《前提のチェック》は，まず，それぞれの対立状況において自分が正しいと思っている批判的な前提に気づくことから始まります。それを見つけるのは，難しいと思われるかもしれませんが，それほどではありません。次に怒りを感じたとき，《この状況で，自分は何を前提としているのだろう？》と自問してください。たとえば，答えが《誰かの行動が気に入らなければ，腹を立てる以外に選択肢はない》だったとしましょう。その前提は，相手が親友の

場合でも変わりませんか？　もしそうでないなら，自分の前提の例外を見つけたことになり，誤った考えから脱け出す可能性が見つかったことになります。

　前提は，複数のものが結合してひとつになっていることもあります。非難を拡張するパターンに生じうる4つの前提を見てみましょう。

　　　①その人が問題を引き起こした。
　　　②その行為は意図的に行なわれた。
　　　③その人はこれをすべきではなかった。
　　　④自分は，危害を加えるためにしたいと思うことなら，何をしても正当化される。

　この複合的なプロセスの3つ目について，その正当性をチェックしましょう。この前提はつまり，《その出来事は起きるべきではなかった》ということです。起きてしまったことについて，起きるべきではなかったと要求するのは，《反事実的主張》であり，それはすなわち，事実に基づくものではありません。反事実的主張は，ティンカー・ベルは実在するという前提と同じ程度にしか信頼できません。要求が厳しいことの方が問題が大きいことや，その要求の厳しさが疑わしい前提に基づいていることに気づけば，非難を拡張する前提の連鎖の要を壊すために，強力な第一歩を踏み出したことになります。

　自分のいつもの前提が誤りなのかどうかについて，確信がもてない場合も，答えはその結果からわかることがよくあります。もしあまりに頻繁に，あまりにひどく怒ってばかりいるなら，以下を自問しましょう。《自分は何を前提としているのだろう？　その前提の証拠はどこにあるのだろう？　その前提は，事実として法廷に出せるだろうか》

　以下は，前提に気づき，その正当性をチェックするための，簡単な認識エクササイズです。参考のために，ごく最近あった（もしくは，近々ある予定の）状況を使いましょう。

状況＿＿＿＿＿＿＿＿＿＿＿＿＿＿＿＿＿＿＿＿＿＿＿＿＿＿＿＿＿＿＿

前提に関する質問	前提に関する回答
この状況に関する私の前提はなんだろう？	
どんな証拠がその前提を支持しているのか？	
もし熟練の弁護士が私に反対尋問をするとしたら，この証拠は法廷で通用するだろうか？	

誤った前提や不十分な前提を取り除けば，自らそうした前提と融合させていたストレスや怒りを，自分で減らせるようになります。

積極的かつ省察的なコミュニケーション

他者にも前提があります。その前提はときに（おそらく，しばしば），あなたの前提とずれています。前提の違いが原因で荒れる議論は，どれくらいあるのでしょう？　おそらく，かなり多いことでしょう。自分の前提をチェックし終えたら，相手の前提をチェックしましょう。これは，問題を芽のうちに摘み取り，自分の主張を理解してもらいつつ意見の相違を解決するためのアサーティヴな進め方です。どのようにしたら，押しつけがましくなく，また，別の問題を発生させることなく，相手の前提をチェックできるのでしょうか？　積極的かつ省察的なコミュニケーションを行なうことで，アサーティヴに表現するスキルを磨いていけるようになります。

積極的かつ省察的なコミュニケーションは以下を目的としています。

- 構造的な問題が見つかった場合に，橋を架けることが正当であれば，そのようにし，既に橋があるなら，その橋を強化する。
- 他者の見解にマインドフルになることが重要な場合に，自分の考えを述べた上で，他者の言い分をよく聴く。
- 自分の立場を賢明に堅持していて，硬い壁を既に叩きはじめている場合に，情報を収集して，どこで折り合うかを判断する。
- 問題に関する相互理解に基づいた実行可能な解決策を見つける。

積極的かつ省察的なコミュニケーションのプロセスは，立ち止まる，熟考する，情報を収集する，情報に基づいて判断する，問題を解決できる情報を採用するというステップを踏みます。こうすることによって，否定的なやり取りで生じる感情的緊張を和らげたり，そうした緊張をなくしたりできるようになります。

積極的かつ省察的なコミュニケーションのためのガイドライン

不快な状況に立ち向かったり，対立を解決したりするためのコミュニケーションは，すんなり進むことはめったにありません。積極的かつ省察的なコミュニケーションは，常識と科学がいくらか混じり合った一種のアートに近いと，私は思っています。そのプロセスは，さ

まざまな色の絵具が載ったパレットから色を選び，絵筆を創造的に動かしていくのに似ています。色を重ねなくてはならないところもあるでしょう。直線より波線の方が生きいきとした描写になることもあるかもしれません。

　そのようにして積極的かつ省察的に行なうさまざまなコミュニケーションは，ツール・ボックスにある種々の道具にも似て，各コミュニケーションが異なる機能をもっています。同じことを異なるやり方で行なうものもあります。どのツールを使う練習をするのかは，自分で決めましょう。これらのツールの使用状態や，どれがどの状況にふさわしいかも自分で管理します。練習を重ねることで，これは自然な考え方になり，自然な意思伝達の方法になります。

　絵具とツールの間には，効果的にコミュケーションを取るためのさまざまな要素があります。以下は，積極的かつ省察的なコミュニケーションを使って多様な状況にアプローチする方法に関する提案と，回避すべきいくつかの状態です。

- 否定的な第一印象を与えないようにする。疑い深そうな口調，否定的なボディ・ランゲージ，非難の拡張を示唆するメッセージはしばしば挑発的であり，抵抗をかき立て，解決の機会を損なう。

- 話し手が語っている内容に焦点を絞る。相手の観点から問題を理解するまで，自分の考えをその話題に差し挟むのは控える（たいていの人がこの重要なステップを飛ばす）。相手に同意はしないにせよ，相手が何を考えているのかを知っておくのは，普通は役に立つ。

- 自分の聞きたいメッセージを引き出したいからと言って，早まって自分が主役になるのは避ける。自分のメッセージは，さりげない意見交換の形で会話に混ぜ込む。早計に情報を提示すると，自分の意見を言わずにいられない教室教師のような印象を与えるかもしれない。そのようなやり方だと，メッセージは迷子になりかねない。

- 論争になりそうな状況で発言したり，たとえば，「どうしてそのような振る舞いをするのですか？」と質問するふりをして，その実，要求するというような，よくある傾向に陥らないようにする。例に挙げた質問は，言い換えれば，「そのような振る舞いはすべきではない。私がしてほしいと思うとおりに行動しなさい」ということである。これでは，話し合いは進まない。

- 自分の観点や相手の観点を拡大しうる情報を集めるべく，質問をする。このようにすることで，より多くを学ぶ可能性が高まる。たとえば，「何が問題だと考えていますか？」，「今の方向を転換して，双方がよい結果を得られるようにするために，私たちには何ができそうでしょうか？」，「〜をすることについて，どう思いますか？」，などと質問しよう。

- 明確にするために言い換える。相手の意見の意味について疑問を感じたら，それをは

っきりさせるよう努める。「……と言っているように聞こえるのですが」，「間違っていたら正していただきたいのですが，あなたの立ち位置は……だと，私は理解しました」など（相手は「即答」を聞いたらすぐ，不正確な部分や誤解を生んでいる部分をはっきりさせることができる）。あなたは自分の前提のいくつかについて，裏づけを得たり，否定したりすることになる。自分が間違っていれば，それを見つけることができる。

- 18世紀アメリカの発明家であり，出版業者，外交官でもあったベンジャミン・フランクリンからの助言「自分の見解は，自分のものとして引き受けよ」は，今もなお有効である。発言には，「〜と私は信じています」とか，「〜のように私には思われます」というフレーズを添えることが肝心である。「〜と私は感じている」，「〜と私は信じている」という言い方で自己主張をすることで，相手を守りの体勢に入らせる可能性は低まる。

- 他者が使う言葉にしっかり注意を払うだけでなく，その口調や顔の表情，姿勢にもよく注意しなくてはならない（興味深いことを体験しているとき，人の瞳孔は広がり，怒りのきっかけになる状況では収縮する可能性がある）。自分の見ているものが，言葉の裏にある感情を伝えてくれる。

- ボディ・ランゲージは——言葉の選び方や口調，抑揚と共に——メッセージの一部である。したがって，自分の口調やボディ・ランゲージ，使う言葉によく注意を払うことが重要である。自分のボディ・ランゲージは何を語っているだろう？　言葉で伝えるメッセージとボディ・ランゲージは一致しているだろうか？

- 社会的に受け入れられている怒りの表現に視線を向けつづける。状況次第ではあるが，純粋な憤りの表出は肯定的なインパクトを与える可能性がある。怒った口調で自説を唱える政治家は不愉快そうに見える上に，自分をコントロールできていないようにも見えるかもしれない。自分の聴衆のことをよく知っておかなくてはならない。

- 本物でなくてはならない。観察からもわかると同時に，心理的な研究も示唆していることだが，目的と口調が本物であれば，メッセージはまっすぐ伝わる。正当な理由のある純粋な怒りによる口調であれば，人は注意を向け，注目しつづける。そして，そうした口調は，怒って当然の状況において影響力をもつことも証明することができる（Shuman, Halperin, and Reifen Tagar 2018）。ただし，誰かの価値観を強引に変えようとしない限りという条件がつく（Harinck and Van Kleef 2012）。

- 自我の出す手がかりに耳を傾ける。これらは，なんらかのイメージを維持したり，問題から逃げ出したりするために，状況を誘導する方法として人がもっているもので，あなたや他者，もしくは，種々の状況が非難の対象になることが多い。この情報の有無は，ひとつの状況についてアセスメントするとき役に立つ。

- 人を非難するような言葉遣いを控える。たいていの人は否定的なものに注意を払う。これは生き残りに関わることで，たぶん始まりは，否定的な感覚の原因となったものか

ら離れることで生き延びた最初の原生動物である。非難のこもった「あなた」や「おまえ」（「おまえがこれをしたんだ」）を使うと，否定的な感情を呼び起こし，防衛的な反応を発生させる可能性が高い。対立状況で問題になるのは，「あなた」や「おまえ」という言葉自体より，その意図と口調の方だが，わざわざぶつかる危険を冒すことはない。

- 非難のレッテル貼り（第4章）を避ける。たとえば，「そいつはあんたが悪い。そんなことをするなんて，どうしようもないくそったれだ」などと言うのをやめる。非難のレッテル貼りをされたら，たいていの人は当然ながらカンカンに怒り，やり取りに対して否定的に応答する。あなたも，たぶんそうだろう。問題を正確に把握していても，非難のレッテル貼りをすれば，潜在的な解決策から遠ざかることになる。
- 自己主張^{アサーション}は常に，変化を左右するのにちょうどよい肯定的なものにしておき，協力を得られる可能性を高めるようにする（この「ちょうどよい」の加減がときに難しい）。アサーティヴなやり取りは，場合によっては相手を圧倒し，協力をはるかに難しくする可能性がある。
- 自信に満ちていると同時に，相手に対する敬意にもあふれた態度を取る。そうすることで，公平なやり取りになる可能性が高まり，相手が同様の態度で報いてくれる可能性も高まる。
- 当人の行為と当人自身は分けて考える。人間は多元的な存在であり，否定的なレッテルを貼られた風刺画ではない。たいていの問題は詰まるところ，人が取った否定的な行動である。それが，現実の行動であれ，そう思い込んでいるだけの行動であれ，関係ない。互いの利益につながる妥当な行動の変化に焦点を絞ろう。

　表現豊かなアサーティヴネスのスキルを磨いていくことで，また，他者を公平に扱うことで，より協力的な人間関係を楽しめる確率を高めましょう。

黙考して変わる

　武道家は数多くの技を磨きます。そうした技を身につけるのには，何百時間という稽古が必要です。同様に，積極的かつ省察的なコミュニケーションのスキルを身につけるのには，心の準備が必要なだけでなく，このコミュニケーションの取り方が自然に感じられるようになるまで，シミュレーションとリアルタイムで起きる出来事での練習も必要です。そこで，コミュニケーション・スキルを構築するためのツールとして，黙考による実験を始めましょう。

黙考して変わる実験

特定の「積極的かつ省察的なコミュニケーション」方法を使って黙考することで，より効果的に自分の考えを表明する準備をします。毎日5分，第9章と本章で取り上げた10種のアサーティヴなコミュニケーション戦略の意味について黙考しましょう。この実験は，1日に5分，10日間続けてください。毎日，表の左欄にあるアサーティヴネス戦略のひとつを，想像上もしくは実際の状況に当てはめて黙考します。

たとえば，1日目には，肯定的な第一印象を与え，否定的な印象を与えないようにするために，自分はどのような見た目を心がけ，何を言い，何をするかについて想像します。5日目は，アイ・コンタクトを実験し，じろじろ見たり，にらみつけたり，目をそらしたりすることなく，楽な気持ちでアイ・コンタクトを維持している自分を想像します。アイ・コンタクトを続けながら，誰かと楽しく気ままな会話を交わしているところを想像してもいいでしょう。

毎回5分の黙考が終わったら，各黙考実験でわかったことを記録しておきましょう。

アサーティヴネス戦略	黙考してわかったこと
肯定的な第一印象を与え，否定的な印象を与えないようにする。	
自分の考えと発言に責任をもつ。	
非難を拡張する思考を拒否する。	
あるゴタゴタに時間をかける価値がないとき，代わりに何か別のことをする。	
通常のアイ・コンタクトを維持する。	
心地よい距離を保つ。	

アサーティヴネス戦略	黙考してわかったこと
くつろいだ状態であることを伝える。	
非難のこもった「あなた／おまえ」を使う発言を避ける。	
明確にするために言い換える。	
批判とフィードバックを現実的に受け入れる。	

　こういった形のガイド付き黙考は，アサーティヴな代案を考えることによって攻撃性を自己主張に代えていくためのひとつの方法です。かける時間を変えたり，取り上げるアサーティヴな考え方を変えたりして，いろいろ実験してください。そして，実際の行動が必要となる状況にこの練習が活かされるかどうかをチェックしましょう。

アサーティヴな質問を活用する

　ときには，油断しているところを誰かにつかまって頼み事をされたせいで，窮地に陥ったような気分になることもあります。あとになって，「こうなることを想像しておくべきだった」と思う人もいます。しかし，どのような「〜できたはずだった」も，「〜しておくべきだった」も，起きてしまったことを変えることはありません。

　「ノー」と言うより，「イエス」と言う方が簡単です。それは，将来の努力に対して前もって支払いをしてもらうようなものです。ときには，その「イエス」には必然的に何が伴うのかを知ることが重要で，その際には，アサーティヴな質問が役立ちます。例を見てみましょう。

　ジャスパーが電話をかけてきて，家のことで手伝ってほしいとあなたに言いました。こっちまで来て，トイレの設置を手助けしてほしいと言うのです。ここから彼の家まで40分はかかります。それに，あなたはジャスパーのことをそこまではよく知りません。彼が何を考えているかを知りたいと思うのは，理に適っています。

あなた：オーケー。どんな感じか，ひと通り説明してもらえるかな？　ぼくが何をすることになるのか，時間はどれくらいかかるのかを，正確にね。

ジャスパー：たいしたことじゃないさ。時間も，ほんのちょっとかかるだけだし。

あなた：ぼくが行くとしたら，往復80分かかる。ご近所さんに頼むってのは？

ジャスパー：みんな，忙しくてさ。

あなた：なるほど，で，ぼくは何をするんだい？

ジャスパー：シンクへの水道管を一部，引き直さなくちゃならないんだ。

あなた：それ，トイレとどう関係があるんだい？

ジャスパー：浴室を改装してるんでね。

あなた：ほかに何か，ぼくにしてほしいと思っていることはあるのかな？

ジャスパー：きみはメカに強くて，腕がいい。だから，手伝いを頼むならきみだって思ったんだ。

あなた：声をかけてくれてありがとう。でも，今回は遠慮しておくよ。

　重要なのは，どうすることが自分のためになるかを判断することであり，十分な情報を得た上でその判断をすることです。十分な情報を得てはじめて，その判断を下す立場に立つことができます。そのようにして，不要なゴタゴタを避け，ひょっとしたら生じたかもしれない憤懣も避けるのです。

　迷ったときには，別のアサーティヴなフレーズ，「それについては，考えておきます」を使いましょう。

最高の助言：アサーティヴに怒りを表現することは，効果的に怒りを表現することである

　あなたとあなたのパートナーは，互いの関係をよりよいものにするために変わることに同意しています。あなたは取り決めを守っていますが，パートナーは守っていません。もしあなたがパートナーの歓心を買おうとして健全な怒りを押し込めてしまったら，ふたりとも苦しむことになりそうです。ニュージャージー州リッジウッドの心理学者ジェフ・ルドルフ博士はこの抑圧された怒りの問題に取り組み，パートナーに対してどのように効果的に自己主張したらいいかを示しています。

　これは，怒りの抑圧を防ぎ，コミュニケーションを改善するための実用的な《はしご式段階的拡大計画》です。まずはしごの1段目で，あなたはパートナーに，自分が好ましく思うことを主張できるようになるのを手伝ってほしいと頼みます。最初は，ふたりが共になんらかの点で賛成できる事柄を話題にします（まったく賛成できない事柄ではなく，

たとえば，政治とか，私立教育か公立教育か，など）。順番に相手の話を聴きますが，コメントはしません。話す時間は各自2分で，これを毎日1回，3日間続けます。

　はしごの次の段では，あなたもパートナーも感情的なセーフ・ゾーンを設定して互いの話を聴き，どういう部分の変化を見たいと思っているかを相手から教えてもらいます。ルールは簡単です。各自が2分間，自分の望んでいることを話し，聞き手は途中で口をはさんだり，非難したり，否定したりしない，というだけです。あとになって仕返ししてもいけません。翌日，その変化について，互いがもちつもたれつ具体的に関与できる取り決めを考え出せないかどうかを判断します。

　次のステップは，より本質的なコミュニケーションに関するものです。《心を通わせるためのディベート》のレベルに移行し，そこで，肯定的なことについても否定的なことについても——優しい気持ち，共感，懸念，怒りに関わる問題など——思いやりをこめてアサーティヴに自分の考えを話します。本質的で有意義な意見交換をすることで，表に出す怒りは減り，抑え込む怒りはすっかりなくなっている可能性があります。

アジェンダを設定する

　「アジェンダ」という言葉はいろいろな意味で使われますが，たいていのアジェンダは正常なものです。あなたは今，自分の「やすらぎの場」を作る計画のために中古品セールで風景画を購入しようと交渉している最中です。値段が気に入りません。いくらまでなら支払ってもよいか心づもりがあります。支払いたいと思っている値段かそれ以下の値段でその絵を手に入れるにはどうしたらいいのかは，アジェンダの一部です。

　たいていの人は，交渉上の検討課題，会議の日程や議題，攻撃的な思惑が動機となっている隠された計画の違いが直観的にわかっています。極悪非道の下心が絡んでいる状況は比較的稀ですが，強く心に残ります。問題は，そうした隠された意図，すなわち底意は，外からはわからないという点です。

　自分に影響する隠された底意の正体を暴いたり，その下心を回避したりするための練習をする機会は，あまり多くないかもしれません。有害なアジェンダに遭遇するのは稀な上に，アジェンダにも種々あることから，「あつものに懲りてなますを吹く」という格言が当てはまることはめったにありません。では，どのように練習したらいいのでしょう？

　隠された底意に気づくためのスキルを身につけるには，政治的なトークショーの司会者を観察することです。《どんな底意があるのだろう？》と自問しましょう。まるで自分の意見が事実であるかのように振る舞う司会者がよく見つかります。当然ながら，さまざまな省略があります。何が欠けているかを探しましょう。省略された部分は物事の他の一面を語ってい

て，しばしば重要な意味をもっています。何が粉飾されているのでしょう？　他者の立場に関する卑劣なこき下ろしを見抜くことができるでしょうか？

　いかなるアジェンダであれ，それについて考えるときのガイドになりうる質問がふたつあります。《もしこのアジェンダを黙認したら，この先どうなるだろう？》と《そのメッセージの例外を探したら，状況は変わるだろうか？》です。このふたつに答えることによって，アジェンダについて明確にできるようになるはずです。

アジェンダを支配する

　アジェンダを支配する者は，誰であれ最終的な結果を決定します。自ら進んで主導権を握りましょう。そうすれば，後悔することが減り，状況をコントロールできないことに反発して腹を立てるというような偶発的な出来事も減りそうです。高位のカードをもっているなら，あなたには，それらを使って勝負する権利があります。たとえば家の購入など，重大な問題を見てみましょう。これには，高位カードの原則が当てはまり，あなたから支配権を奪いたいと思う者が出てきます。

　あなたには，購入したいと思う家の判断基準があります。家の購入は多額の投資であり，毎日できることではありません。したがって，家の販売で生計を立てている側は，有利な立場に立とうとします。彼らには，人のお金を使う取り引きでの行動基準があります。

　あなたは，友人から推薦してもらった不動産業者と契約を結びました。業者はスケジュール（アジェンダ）を支配して，手っ取り早く売りたいと思っています。したがって，あなたの選択肢をあっという間に狭めて各不動産の利点を説明し，そこからひとつを選ばせようとします。業者は回答を迫り，今買わなければ，別の人に買われてしまうと主張します。あなたは，急かされる取り引きからは手を引く心構えをしておかなくてはなりません。ハンドルを握りつづけたければ，運転席に座りつづけることです。

　あなたには高位カードがあります。信用があります。頭金があります。自分の立ち位置を知り，どの検討課題（アジェンダ）を支配するのかを押さえておくことで，底意（アジェンダ）で動いている人への対応をシンプルにすることができます。底意（アジェンダ）で動いている人が検討課題（アジェンダ）を支配できるのは，あなたが自分の権限を放棄したときだけです。

　残念ながら，発生しうるすべてのアジェンダに備えることはできません。たくさんありすぎるからです。しかしながら，ひとつひとつの状況から学んだことを，次に怒りに駆られそうになったときに活かすことはできます。アサーティヴネスの創始者の考えは，「けっして相手の策（ゲーム）にはまってはならない。自分の方針（ゲーム）を全うしよう」（Salter 1949, 51）です。

　アサーティヴネスの実践とアサーティヴな表現について，さらに詳しい情報は，アルベルティとエモンズの『Your Perfect Right』（Alberti and Emmons 2017）——邦訳『自己主張トレーニング』（東京図書）——を参照してください。

進歩の記録

鍵となる考え: 本章でもっとも役立つと感じた考えを3つ, 記録しておきましょう。

1.

2.

3.

行動計画: 怒りすぎを克服していくためにたどろうと思ったステップを3つ, 記録しておきましょう。

1.

2.

3.

実行: その3ステップを実行するためにしようと思っていること (プロセス) を記録しておきましょう。

1.

2.

3.

結果: これらのステップを踏むことで, 身につけたいと思っていること——もしくは, 強化してきたこと——を記録しておきましょう。

1.

2.

3.

修正点: プロセスの中で変更したい点がある場合, 次回は別の方法で行なおうと思っていることを記録しておきましょう。

1.

2.

3.

第 **11** 章

怒りを制する

　実際，誰の場合でもそうだと思うのですが，寄生性の怒りと攻撃性を克服しようとする努力が型どおりのプロセスをたどることは，まずありません。順調に進むようにするにはどうしたらいいのかを見ていきましょう。本章では，以下を取り上げます。

- 問題を解決しようとするとき発生する原始的な感情的反応と論理的思考の対立。
- 寄生性の怒りを克服する能力を強化するための「変化の5段階」。
- 自由に伴う責任ある制約。

　この3つの面を踏まえた変化計画は，人としての重要な変化に関連するほぼいかなる状況にも適用できます。

衝動と理性の対立

　さまざまな専門家が，状況への対応に影響を与える種々のプロセスについて，理論や取り組み方を開発してきました。そうしたプロセスの中には，もちろん対立も含まれています。精神分析の創始者ジークムント・フロイトは，暴れ馬と騎手のメタファーを使って衝動と理性の苦闘を説明しました。暴れ馬は行動と学習の原始的方法を象徴しています。本能と習慣とパターンの生き物として，馬は草を食べたいという衝動が生じれば，草を食べます。楽し

いと感じるものに近づき，そう感じないものは避けます。また，群れと共に走り，休みたいときに休み，交尾できるときに交尾します。一方，理性を象徴する騎手は，馬のできないことをします。馬には，ベストセラーになる本を書くことも，橋を設計することもできません。騎手と比べると，馬は学習に時間がかかります。にもかかわらず，馬は強力な感情的ツールを使って動いているので，騎手の選択肢に影響を与えることもできます。

この概念から明らかになるいくつかの理論を詳しく見ていきましょう。

二元的プロセス

暴れ馬と騎手のメタファーは，《二元的プロセス理論》に至る数多くの初期段階のひとつで，この段階には，状況への対応法に影響する主たるプロセスがふたつあります。最初のプロセスは無意識的なもので，知覚が脳の原始的領域を刺激して作動します。感情や衝動，生存，繁栄，快楽の追求，苦痛の忌避などがこのプロセスに相当します。神経科学者であり心理学者であるアントニオ・ダマシオ（Damasio 2017）にとって，感情と「気持ちは，ひと言も言葉を発することなく，人生のよいこと・悪いことを心に伝えてくれるもの……」です（p.12）。

ふたつ目のプロセスは，ひとつ目よりも時間をかけて慎重に作動し，記憶や分別，言語，知識，その他の認知的プロセスを担当します。テレビ・ショッピングで衝動買いするのは，最初のプロセスが働いて，矢も楯もたまらなくなるからかもしれません。しかし，認知的な脳は別の道を行きます。慌てることなく別のチャンネルも調べ，自分の使用目的にどのモデルが最適かを知ろうとします。

システム1とシステム2という思考モード

ノーベル賞受賞者で心理学者のダニエル・カーネマン（Kahneman 2011）の《システム1とシステム2》のメタファーは，脳の情報処理方法に関する一般的見解を説明しています。システム1は，無意識で反射的なもので，怒りや恐怖などの感情につながるものです。システム1は，直観やヒューリスティック（経験則，試行錯誤）を基盤に，物事を素早く機械的に行ないます。2＋2はいくつかと訊かれても，考える必要はありません。すぐに答えが出ます。システム1は，長年の経験が磨きをかけた寄生性の怒り思考の主要な貯蔵タンクでもあります。このタンクの中には，チェックされていない偏った考えや歪曲，不合理な怒りから来る認知と同時に，直観的に正しい考えも溜まっています。問題は，怒りが生まれるような挑発的な状況では，両者の区別がつかないことです。

$132 \times 45 - 16 \div 3$ を計算しなくてはならないという場合，作動するのはシステム2です。システム2は慎重で分析的な上に，努力を惜しみません。このシステムはより多くのリソースを必要とします。寄生性の怒りによる反応型の力を弱めるには，このシステム2による努力

が必要です。

　システム1の寄生性の怒り反応への対策を練習することによって，システム2の思考，感覚・感情，行動が半自動的に作動するようになります。慎重に作動するシステムを，肯定的かつ迅速な思考習慣にして不要な怒りを軽減するにはどうしたらいいかを見ていきましょう。

《Y》チョイス

　あなたは分かれ道にぶつかりました。無意識のうちに寄生性の怒りに身をゆだねる道を選ぶこともできれば，欠陥のある怒りと闘う道を選ぶこともできます。つまり，あなたには，《Y》チョイスが与えられているということです。《Y》は分かれ道の象徴です。分かれ道では，次のようなことが起きます。

　暴れ馬，感情的な衝動，システム1は，一方の道に入っていきます。騎手，理性（洞察力など），システム2は二重の難題に直面します。そのひとつは，寄生性の怒りの方に行こうとする無意識の衝動に抵抗することであり，今ひとつは，段階を踏んで距離を取り，熟考し，判断し，事実から作り話を切り離し，バランスの取れた見方を生成し，「賢明な自己利益 enlightened self-interest」に照らして何をしたらよいのかを判断することです。選択肢に気づいた時点で，あなたは有利です。

　問題解決の道を行こうと決めた場合，暴れ馬と騎手，二元的プロセス，システム1とシステム2という思考モードについて知っていることをどう活かしますか？　あなたのために効果的に働く3つの要因を考えましょう。

- あなたは，寄生性の怒りにまつわる信念の影響を感じているが，外的な出来事が怒りの唯一の原因だという信念を手放すのはひどく難しいとも思っている。その場合は，《もし怒りが私に話しかけてくるとしたら，私は自分の心の暗がりにどんな思いがあることに気づくだろう？》と自問するとよいかもしれない。こうすると，そのプロセスを担っている自分のパートが見えてくる。そして，気づきの次のレベルと《Y》チョイスに到達することができる。
- あなたは，過剰な怒りにつながっている寄生性の信念に気づく。もうひとつの非常に重要な地点に到達したのである。ここでは，怒りの信念を問題にするか，暴れ馬の好きにさせるかを選ぶことができる。《それぞれの道を選んだ場合，何が得られ，何を失うだろう？》と自問するとよいかもしれない。こう質問できるのは，制御されていない衝動に対する別の勝利である。
- この例では，寄生性の信念に対抗する方を選んだとしよう。あなたは，よく考えてじっくり努力する必要があること，それもおそらく何度もそうする必要があることを受け入れる。そして，この状況に適用できそうだと思うものを求めて，心理学的ツール

キットに手を伸ばす。

　無意識に反応する状態から変わろうと決心し，懸命に努力する道を行くとなれば，選択に留まらない取り組みが必要です。それが現実です。あなたには，解決すべき問題があります。それから逃げ出すこともできれば，それを解決することもできます。

システム２の思考モードを自動化する

　目的をしっかりもち，じっくり時間をかけて努力するというコーピングのテクニックを，半自動的に進むプロセスに変えることは可能でしょうか？　これはテクニック次第です。以下に，いくつか例を上げましょう。

- 怒りが誘発されそうになったら《Ｙ》チョイスを見分けることをルーチン化する。
- 深呼吸や散歩など，実践的な方法を使う。
- 将来の初期評価を改善するために，認知的再評価のテクニックを練習する。

コーピングの発話を準備（プライミング）する

　準備（プライミング）とは，何事かを刺激するために何かをすることです。あなたが芝刈り機を起動させたいと思い，ガソリンを入れて準備をすると，芝刈り機は動き始めます。怒りを誘発する状況に，コーピングの発話を使って非寄生的に対処したいと思うなら，そのようにするために自分自身を準備（プライミング）することができます。

　コーピングの発話は，架空の寄生的セルフトークに代わる，信用できる真実の発言です。たとえば，寄生的な考え方をしていると，自分のほしいものが手に入らないとき，《自分の思いどおりにできないなんて，我慢がならない。あのちんけなクソったれに仕返ししてやる》というようなことを思うかもしれません。これとは対照的に，アサーティヴに対応できるよう準備（プライミング）するためのコーピングの発話は，《自分のほしいものは手に入れたいと思うけど，もし手に入らないとしても，この世の終わりってわけじゃない》となります。

　コーピングの発話を列挙すると，しばしば，「それを乗り越えてみせる」といった発話の寄せ集めのようになります。もう一歩先を行くために，一連のコーピングの発話を筋道の通った形で使う別の方法を見てみましょう。論理的に並べた複数のコーピングの発話を使って，自分の考えを準備（プライミング）するには，《自分の主張をチェックすることで，自分の怒りの裏側にある考えをチェックする》というようなやり方があります。

　準備（プライミング）のためのコーピングの発話には，以下のような潜在的な利益が少なくとも３つあります。

　　１．状況から距離を置くのに役立つ。
　　２．システム1の寄生的思考に代わるものとして役立つ。
　　３．建設的な行動のガイドとなる。

　筋道の通ったコーピングの発話は，練習によって半自動的に進むプロセスになりえます。
　次の表は，一連のコーピングの発話を筋道の通った形で使う実験で，例をふたつ用意しています。左欄はその例です。中央欄はそれを作動させている状況で，右欄には，この実験の結果を記録します。まず，例に挙げた一連のコーピングの発話を検討し，次に，その後に発生した状況にこれをリソースとして活用します。一連のコーピングの発話をテストしたら，自分がどのような行動を取り，その結果どうなったかを記録してください。この実験を行なうことで，調整がどういうものかおわかりいただけます。

一連のコーピングの発話	状況	結果
1. 私は，怒りを誘発する出来事を見分けることができる。 2. 私は，ちょっと立ち止まり，短時間の呼吸エクササイズをすることができる。 3. 私は，自分の利益をアサーティヴに高めることができる。		
1. こんな状況だけど，これが現実だ。 2. 不快に感じるとしても，それはそれでよい。 3. たとえ不完全でも，私はうまく対処できる。 4. 寄生性の怒りを深刻に受け止める必要はない。		

　毎日何度も無駄に怒っているわけではなく，練習の機会がそれほどない場合は，一連のコーピング発話システムを自動化するための機会を作る必要があるかもしれません。以下は視覚化の実験です。毎日，もしくは，自分のコーピングの発話が機械的に浮かんでくるまで行ないましょう。

以下の表の左欄には，中程度の寄生性の怒りが湧いてきた状況を10種類書きます。たとえば，「トーストを長く焼きすぎた」などです。右欄には，一連のコーピングの発話を書き入れます（同じもので，10の状況をすべてカバーできるかもしれませんし，試してみたいものを複数書くことになるかもしれません）。自分なりのものを創作しましょう。先ほどの例のひとつを使っても構いません。

実験は以下のようにします。まず，表に記入したら，最初の状況を思い浮かべます。そのイメージを思い浮かべたまま，記入したコーピングの発話を4回，心の中で繰り返します。そして，その一連の発話が役に立っているように思えたら，次の状況に進んで，同じことを続けます。もし役に立っていると思えなかったら，発話を修正しましょう。

寄生性の怒りが湧いてきた状況	一連のコーピングの発話

寄生性の怒りが湧いてきた状況	一連のコーピングの発話

　コーピングの発話が好みに合わない場合は，ギアを入れ替え，怒りの各状況がプッと吹き出した蒸気となって大気中に消えていくところを想像しましょう。こうすると，感情的認知（感情を誘発する力をもった考え）の強さを低下させることができます。

　脳は，システム1やシステム2のプロセスよりも複雑です。さまざまなパートの演奏が一体化するオーケストラに近いものです。これが全身に存在していて，全身で各パートが他のパートに影響を与えているのです。第6章で見たとおり，体を整えて心を鎮めることもできれば，心を鎮めるステップを踏んで，体をリラックスさせることもできます。

変化の5段階

　救命いかだに乗って川を下っているところを想像してください。流れに乗っているときも，流れから外れるときもあります。早瀬に来ました。深淵では滑るように，浅瀬では川底をこすらんばかりに進みます。低く垂れ下がっている木の枝の下に入り込むと，大きな岩にぶつかりました。手で水をかき，足で岩を蹴ります。流れは急です。行きたいところに簡単には行けません。けれども，舵と櫂があれば，川の流れを自分の有利になるように使い，通過したいと思っている目標地点に到着することができるでしょう。

変化の5段階は，意図的にいかだをこぎ進めることや，行きたい場所に向けて舵を取ることも含めて，難題に立ち向かうことによって育まれる自制のプロセスを地図に描いてくれます。以下は，その内容です。

1. 《気づき》はごく一般的な出発点であり，この段階では，問題領域のみならず，それに関連した思考や感情や行動を特定する。
2. 《行動》の段階では，これまでとは異なることで，自分の望んでいる変化を生むのに役立つことをする。
3. 《適応》の段階に到達するのは，思考や感情や行動を変え，その変化になじみ，それを統合したときである。
4. 《受容》の段階では，変化に関する情動的統合が行なわれ，思考と感情と行動が，出来事に関する現実的な大局観と調和する。
5. 《実現》の段階では，新しく学んだ建設的な内容を普段から行動に移し，賢明な自己利益に役立て，向上するまで頑張る。

　変化はプロセスであって，出来事ではありません。シンプルに要約しすぎているように思われるかもしれませんが，プロセスと出来事の違いは，昼夜の違いほどもあります。5段階のプロセス・システムは，寄生性の怒りの切れ味を鈍らせ，その考えから脱け出すのに役立ちます。各段階をもう少し詳しく見ていきましょう。

気づき

　気づきとは，自分がどう感じ，どう考え，どんな動機で今の行動を取っているのかについての自覚のことです。たとえば，今あなたはどんな感情を味わっていますか？　今頭に浮かんでいる考えはどんな内容ですか？　この瞬間，あなたの周囲では何が起きていますか？

　意図的な自己モニタリングは，システム2のプロセスです。怒りを誘発する状況にいて，次第に気持ちが高ぶり，怒りがこみ上げはじめてきた場合，早い段階で寄生性の怒り思考に気づけば，とてつもなく有利です。《Y》チョイスが手に入り，その怒り思考が沸騰して攻撃になる前に，その思考から気持ちをそらせるための選択肢が手に入ります。

行動

　行動の段階に入ると，寄生性の怒りのプロセスから脱け出すために自分の行動を方向づけるようになります。以下に例を挙げましょう。

- 自分の思考について考え（メタ認識），怒りを増幅する作り話——たとえば，《もうそれには耐えられない》など——を特定する。こうした考えに気づいたら，「それ」が意味することについて自問する。《今自分が耐えられないと思った「それ」とはなんだろう？　自分が生み出している緊張感のことだろうか？　問題の状況の中に，特に気に入らない面があるのだろうか？》

- 寄生性の思考に注意を向けることによって，その思考を白日の下に曝し，それらを（周りに人がいないときなら）声に出して言ったり，書き出したりする。次のステップに進む準備を整えるために，認知的再評価をしたり（第2章），不合理な思考を問題にしたり（第3章）して，その思考の正当性に疑義を呈する。

- 心に葛藤が生まれそうだとわかった場合，《メンタル・リハーサル》は検証済みの方法として，問題状況をシミュレーションした上で解決に取り組むのに役立つ。たとえば，高品質の作業と材料の手当てを支払ったのに，契約者は低水準のもので代用したとしよう。契約者は契約に従っていないという点で非難されて当然である。そこで，自分が何を達成したいと思っているかを判断する。《しっかり準備を整える》ことである。アサーティヴなシナリオをいくつかリハーサルしておこう。

適応

　システム2とは，今起きていることを把握し，情報を手に入れ，これまでとは異なる行動の取り方や考え方をテストするということです。《適応》は，正確な新情報になじみ，より効果的に物事に取り組む方法になじむことに関わっています。

　適応には，寄生性の怒りを生む信念と一致しない意見や情報を見つけることも含まれています。相違に気づき，寄生性の誤った考えを乗り越えられることがわかると，ほっとすると同時に，緊張が生まれる可能性もあります。しかし，これは，変化していくためのきわめて重要なステップです。

　有用な新情報に適応できたとき，システム2への変化が起きています。と言っても，システム1の不合理な言動や衝動は，システム2によるエビデンスの重圧下でも自動的に消えてなくなるわけではなく，心の裏側にできる影絵のように弱まった状態になりはしても，存在しつづける可能性があります。強いストレスがかかる状況下では，以前の考え方や行動の取り方に戻ることもあるかもしれません。

　この二元性の原則（すなわち，システム1とシステム2）がどのように作動するのかをはっきり理解すれば，さらに有利になります。誤った寄生性の怒りの合図は，もう留意する必要がありません。迷信に屈する必要がないのと同じことです。代わりに，どんな難局のさなかであれ，誰に遠慮することなく，自分の取るべきもっとも賢明な行動に注目しようと決心しましょう。

受容

　《受容》の段階では，変化に関する情動的統合が行なわれます。自分がどう感じているかを受け入れるのは，それが自分の感じ方だからです。感情的な押し引きは残ります。誤った考えに基づくシステム1の前提によって自動的に打ち負かされることはないと認めることは，重要なことを発見したということです。《Y》チョイスの地点に到達すると，あなたはもう，そこではシステム2の判断を行使できるとわかっていて，既にその練習もしています。一方，システム1はそこで，楽に速く行ける――けれども自己破滅的な――道に向かおうとします。

　システム1には正当な力が備わっています。その力は，あなたという存在とあなたの行動の一部分です。直観は当たる可能性があります。あなたは五感の知覚に基づいて予想することができ，その予想もかなり正しいこともあります。それは隠れ岩であり，偏った考えであり，不合理な考えですが，気づきと注目に値するものでもあります。

　人が変わるには努力が必要であり，進もうとする方向に関する内的葛藤は不可避です。その二元性を受容することによって，苦悶は減らすことができるでしょう。また，その結果として，変化のパラドックスに付きもののストレスも減らすことができるでしょう。

実現

　《実現》の段階では，難題の処理や賢明な自己利益の向上が自分の人生に重大な影響を及ぼす領域で，自分の能力を伸ばします。さまざまな状況の中で選択的に分析し思考することによって，自分のなしうることについてより多くを学び，その結果として，自分自身についてより多くを学びます。幸福を追求することより，いろいろな感情的体験をすることこそが，建設的な行動の副産物です。

　卓越を求めることの利点は，今ある栄光に満足しつづける可能性が低くなるということです。今ある栄光は，先延ばしとそれに伴う不可避のストレスを語るときの決まり文句です。

　暴れ馬と騎手――すなわち，システム1とシステム2――と川を下る救命いかだは，自然の成り行きで進む道とじっくり考え抜いて進む道に分かれる《Y》チョイスの地点で役立ちうるメタファーです。何事であれ，自分にとって最善のものを活用しましょう。すべてを活用するのです。

5段階プログラム

　さあ，今度は，あなたが変化の5段階を使ってプログラムをやり遂げ，寄生性の怒りとその影響の軽減に向けて前進する番です。以下の表にある変化の各5段階に関する質問に回答し，それらが自分の人生にどう当てはまるかを書き出しましょう。

気づき 寄生性の怒り思考を減らすために，私は何を知らなくてはならないのだろう？ 私の動機はなんだろう？	
行動 どのような行動を順序立てて実行すれば，建設的な結果をもたらす機会を増やせるのだろう？	
適応 これまでの寄生性の思考と新たな生産的考え方とのどのような不一致を解決すれば，その恩恵にあずかれるだろう？	
受容 感情が思考と行動を駆り立て，逆に，思考と行動が感情を駆り立てる。感情と思考と行動を健全な形で一致させるために，私が選択できることはなんだろう？	
実現 どのように自分の力を伸ばせば，自分自身のことや自分が達成しうることについてもっと学べるのだろう？	

制約することによって変わる

自由とはなんでしょう？　自由とは，自分がしたいと思うことをすべてできるということでしょうか？　こらえ切れずに大声で叫んだら，それは自分が自由だということになるのでしょうか？　もしそうだとしたら，それは身勝手とどう違うのでしょうか？

自由には責任を負うべき制約が伴います。もし変えたいと思っている問題習慣があるなら，別の何かをすることによって自分自身を制約する行動を取らなくてはなりません。たとえば，システム2を使って寄生性の非難拡張思考を減らそうと努力するには，理性的思考能力の活用を増やす必要があります。

制約による自由という考え方は，新しくもなければ異常でもありません。不健全な対応は，代わりに健全な対応を取ることで，表出を制限することができます。もし体重を落としたいと思えば，高カロリーの食事の代わりに低カロリーの食事を摂らなくてはなりません。それ以上によい方法がありますか？

作曲家のイーゴリ・ストラヴィンスキーは制約を自由の手立てだと考えていました。自ら自分を，自分のしたいことに縛るのです。そうすれば，そのことを思うままにすることができます。ストラヴィンスキーは，「制約を課せば課すほど，人は魂を縛る鎖から自らを解放する」(Stravinsky 1947, 65) と言い，そのようにして自由に芸術作品を生み出しました。

怒りの衝動を表出した結果が気に入らない場合，あなたはその衝動を制限できますか？　もしその制約を理に適ったものだと考えるのであれば，あなたは不合理な制約からの解放に向かって一歩を踏み出したことになります。制約が自由を生み出した少し変わった例を見てみましょう。これは，私のクライエントであるジュリーという名前の5歳の少女に起きたことです（この概念は年齢を問わず役立ちます）。

ジュリーには，食料雑貨店で自分が食べたかったものを買ってもらえないと雑貨を放り投げたり，母親に食品を投げつけたりするなど，問題行動がいくつかありました。少女には怒りの問題があり，注目してもらいたいという気持ちが特に強くありました。

母親はひどく苛立ち，熱いアイロンでジュリーに火傷を負わせたため，州当局はジュリーを一時的に児童養護施設に入れました。その間，母親にもジュリーにもそれぞれのカウンセラーが付きました。目標は，この家族が元どおり一緒に，健全な形で暮らせるようになることでした。

私はジュリーに会ってすぐ，「買い物ごっこ」をしようと提案しました。ジュリーは食料雑貨店にいるつもりになり，カートから食品を投げるふりをしました。私は，「今度は私の番だよ」と言って，カートを押しながらその中のものを投げるふりをしました。そして，「やった〜，嬉しいな。これで今夜はテレビも見られないし，デザートもなしだ」

というようなことを言いました。ジュリーはすぐに，「そんなことにはならないはずよ」と私に言いました。

　私は，「でも，いつもそうなるんじゃないの？　テレビもデザートもなしになりたかったら，何かをしなきゃいけない。だから，きみは雑貨や食べ物を投げるんだよ。何かがほしい。だから何かをするんだよ」と答えました。ジュリーはしばらく，そのつながりを考えていました。そして，理解しました。それ以後，ジュリーは雑貨や食品を投げるのを自分で制するようになりました。テレビとデザートを楽しんだのは言うまでもありません。

　自由は制約を伴うという考え方は奇妙に聞こえるかもしれません。しかし，多くは，あなたが選択する制約次第です。

進歩の記録 (プログレス・ログ)

鍵となる考え： 本章でもっとも役立つと感じた考えを3つ，記録しておきましょう。

1.

2.

3.

行動計画： 怒りすぎを克服していくためにたどろうと思ったステップを3つ，記録しておきましょう。

1.

2.

3.

実行： その3ステップを実行するためにしようと思っていること（プロセス）を記録しておきましょう。

1.

2.

3.

結果： これらのステップを踏むことで，身につけたいと思っていること——もしくは，強化してきたこと——を記録しておきましょう。

1.

2.

3.

修正点： プロセスの中で変更したい点がある場合，次回は別の方法で行なおうと思っていることを記録しておきましょう。

1.

2.

3.

第 12 章

怒りの専門家からの
とっておきの助言

　重要な難題にうまく対処する方法を学んでいるのであれば，専門家のさまざまな観点からの意見を知ることも役立ちます。この最終章に収めたのは，怒りの問題を抱えた人々との取り組み経験豊富な10名の専門家からの助言です。もしひとつでも，あなたに肯定的な変化をもたらす助言があるなら，多くの意見を集めた努力は報われるというものです。

　読者の皆さんには，寄生性の怒りから自由になる有用な方法を本章から数多く取り上げ，それらを活用することで怒りという重荷を下ろし，人生を楽しんでいただきたいと思います。もちろん，自分の行動としてどれがもっとも納得がいくかは，あなた自身が判断できます。

最高の助言：質問の力を活用する

　変化を起こすためのツールをもち，辛抱強く頑張りつづければ，人が変わる可能性は高まります。こう考えれば，肯定的な自己達成的予言が増え，自分にもできると思うことをするようになります。トロントの心理学者であり，『Pressure Proofing: How to Increase Personal Effectiveness（プレッシャー対策：個人の有効性を高める方法）』の著者でもあるサム・クラライク博士は，肯定的な自己達成的予言をして過剰な怒りを克服するためのQ&Aアプローチを伝えています。以下は博士の助言です。

　慢性的な怒りは，コルチゾールなどのストレス・ホルモンを繰り返し急上昇させる沈黙の_{サイレント・}殺人者_{キラー}であり，コルチゾールは動脈内部にプラーク〔訳注：かゆ状に隆起した病変〕の内張りを

形成します。この血管プラークが肥大すると，冠動脈性心疾患と脳卒中のリスクを高めます。

　健康リスクを減らし，ひびの入った人間関係を減らし，怒りを減らして気分をよくすることは可能です。以下に紹介する4つのQ&Aは，私の怒れるクライエントたちが，すぐにも爆発しかねない有害な怒りから脱け出すためのつらい長旅の中で有用だと感じたものです。

質問	回答	この情報をどう活かせる？	新たな行動から得た結果
普段，自分に向かってどんなことを語りかけると，怒りのきっかけになりますか？			
苛立ったら攻撃的になるしかないと思い込んでいる場合，自分の思いどおりにならなかったときに怒りを爆発させる方法を，幼稚園の子どもたちに教えますか？			
いつも人のせいにしている場合，そうすることで，どんな問題を自分のために解決できますか？			
自分の怒り思考を問題にする議論で，もっとも説得力のあるのはどのようなものですか？			

最高の助言：
怒りを誘発する状況と葛藤に備える

　リラクセーションとイメージ法のストレス軽減効果は，科学的に証明されています。これらのテクニックは，ジョゼフ・ウォルピ（Wplpe 1973）の取り組みに由来するもので，ウォルピは，漸進的リラクセーション法がどのようにストレスと緊張を和らげうるかを明らかにしました。同様に，森を流れる美しい小川を眺めるなどのイメージ法も，ストレスの効果的な解決方法になることが証明されています。

　ニューヨーク州ブライアクリフ・マナーにて個人開業している心理学者であり，著述家であり，論理情動療法（REBT）のトレーニング・スーパーヴァイザーでもあるウィリアム・L・ゴールデン博士は，リラクセーションとイメージ法をどのように練習し，それらをどのように活用して，怒りや葛藤を誘発する状況で効果的に対処するかについて，自らが開発した「RICP」メソッドを使って説明しています。

　他者の行動に対して正常に生じる葛藤は避けられません。問題状況の範囲は際限がなさそうです。そうした葛藤が，怒り思考や問題のある反応の中に，頻繁に強く生じるというような場合，このパターンを中断するにはどう準備をしたらよいのでしょう？

　RICPメソッドは，怒りを誘発する状況になったときに，気持ちを落ち着かせて効果的に対応するための方法です。RICPの《R》はリラクセーション（《R》elaxation）を，《I》は怒りを誘発する状況に関するイメージ法（《I》magery），《C》はコーピングの発話（《C》oping statements），《P》は問題解決反応（《P》roblem-solving response）を表しています。苛立って当然の状況でイライラが生じたら，RICPを自分自身のために作動させるのです。例を見てみましょう。

　　エリックは熱心な映画ファンでした。彼は，上映中にしゃべっている人に対して，敵意と言っていいほどの怒りを感じました。まるで，そうプログラミングされているかのように腹を立てるのです。以下は，映画鑑賞で不快にならないようにするためにエリックが実践したことです。

　　エリックは自分の思考について考え，自分が怒りのせいでどのような考え方をするのかを特定しました。その結果，まず，《もっとマナーを守ったらどうなんだ。こういう連中は，人のことなんて，ろくすっぽ考えちゃいない》と思い，さらに，《無作法なやつらは文句を言われて当然だ》と考え，こう考えるのは正当だと感じていることがわかりました。ただ，人に文句を言うと，口論になったり喧嘩になったりすることがよくあるので，文句を言うのを回避できるかどうかを調べるために，心身をリラックスさせて，別の方法を試してみることにしました。以下は，エリックが実際に行なったRICPプログ

ラムです。

リラクセーション	イメージ法	コーピングの発話	問題解決反応
エリックは呼吸に焦点を絞り、深くゆっくり息を吸っては、それを吐き出した。「平静」という言葉を思い浮かべながら、心を落ち着かせる感覚を創り出していった。	深呼吸を続けながら、自分が映画館にいるところを想像した。自分の背後の席にいる人がしゃべっている。エリックは平静な感覚が継続していることに気づいた。	エクササイズを始める前に、エリックはコーピングの発話を考えておいた。そして、深呼吸を継続し、怒りを誘発する状況をイメージしながら、考えておいた発話を呼び起こした。たとえば、《みんながマナーを守って、上映中はしゃべらないでいてくれたらいいのになあ。でも、そんなことを期待するのは非現実的だよな》というような発話である。平静な感覚はそのまま残っていた。	エリックには、解決すべき実際的な問題がひとつ残っていた。彼は深呼吸を続けながら、しゃべっている当人に対して、「おしゃべりをやめてくれたら、映画を楽しめるので、とてもありがたいのですが……」と、平静に語りかけているところを想像した。

　次の数日間、エリックはRICPを50回練習しました。そして、次に映画を観に行ったとき、しきりにおしゃべりをしている友人同士と思しき3人組がいたので、わざと彼らのそばに座りました。エリックは深呼吸をしながら「平静」という言葉を思い浮かべました。映画が始まると、例の3人組はときどき声高にしゃべり合っています。エリックはRICPを作動させました。そして、映画をよく聞き取りたいのでおしゃべりをやめていただけないかなと、気軽な感じで頼みました。すると、丁寧な返事がありました。「もちろんです、いやぁ、すみませんでした」

　別の機会には、エリックの前に仲間らしい数人がかたまって座っていました。彼らがしゃべり始めたので、エリックはRICPのエクササイズをざっとやりました。そのとき聞こえてきたのは、ラリーという名の人物を叩きのめそうぜというような話でした。彼らは喧嘩がしたくてウズウズしているようでした。以前のエリックなら、理性もあらばこそ、怒りに任せて突っ走っていたことでしょう。今回は問題解決の別の方法を探りました。エリックは席を移動しました。

　RICPがあなたにも役立ちそうなら、普段腹立たしくなる状況をひとつ考えて、以下の表に、あなたの対応を書き込みましょう。

リラクセーション	イメージ法	コーピングの発話	問題解決

最高の助言：
怒りの費用対効果を整理し直す

　ラッセル・グリーガー博士は個人開業の臨床心理学者で，組織コンサルタントやヴァージニア大学の非常勤教授も務めています。論理情動療法（REBT）に基づいた数々の書籍も著しており，最新作は，『The Serious Business of Being Happy: A Cognitive Behavior Workbook to Bring Happiness to Every Day of Life（幸せになるのはだいじなこと——日々の生活に幸せをもたらす認知行動療法ワークブック）』（Grieger 2020）です。グリーガー博士は，腹を立てることの費用対効果を分析するための有用なエクササイズを提供しています。

　仮に不安や抑うつ状態で苦しんでいる場合なら，そうした感情から解放されれば幸せにな

るでしょう。しかし，怒りは違います。あなたは知覚として自然にこみ上げてくる有害な形の怒りからの解放には抵抗するかもしれません。というのも，そうした形の怒りは，放棄に異議を唱えるからです。あなたは，自分に対して善より害を多くもたらしうる権力（パワー）というものを感じたことがあるかもしれません。以下の費用対効果に関する2段階分析実験を行なうことで，有害な怒りを減らそうとする気持ちを高められるでしょう。

自分の怒りに関する費用対効果分析

ステップ1：怒る場合と怒らない場合について，その効果（利点）と費用（損失）をリストアップしましょう。以下の表はその例です。

論点	利点	損失
怒る	他者に身の程を思い知らせる。 腹を立てて激しく非難すると，自分に力（パワー）と気力がみなぎる気がする。	人間関係を損なう。相手が復讐心から行動する。 衝動的に行動し，自分で問題を増やす。
怒らない	問題を解決しようとする状況で，より賢明な判断を示すことができる。 情緒的に安定した状態を維持できる。 怒りを誘発する信念が自分の人生観を歪めている場合，その信念を変えることができる。	自分の問題解決スキルを向上させ，その練習をするのに，時間がかかる。 自分の考えをモニターできるようになり，状況を正確に再評価して，ものの見方を改善できるようになるのに，時間がかかる。 自分自身や他者や人生に関して，理に適った現実的な見方を身につけるのに時間がかかる上に，その努力も要する。

今度は，以下の表を使って，あなたが分析する番です。

論点	利点	損失
怒る		

論点	利点	損失
怒らない		

　ステップ2：自分の将来を考えてみましょう。上記の表の内容を活用し，衝動的に怒りに駆られることについて，生涯に生じる損失を想像してください。また，自動的な怒りのパターンを減らしたり断ち切ったりする場合の生涯の利点についても想像してください。このエクササイズを毎日，10日間，繰り返します。ふたつの場合をこうして評価することによって，不要な怒りによる生涯の損失から自由になる方法を試してみようという気持ちは高まりましたか？

最高の助言：
期待が現実に見合ったものかどうかを判断する

　期待どおりの結果が得られなかったとき，葛藤が生まれます。これは日々，普通に起きていることです。普通でないのは，期待と結果の隔たりに腹を立てることです。現実的な期待を抱き，結果は必ずしも期待どおりにはならないと承知しておくことを習慣にすれば，不要なストレスと緊張を加算する怒り反応を効果的に鎮めることができます。

　エリオット・D・コーヘン博士は『Making Peace with Imperfection: Discover Your Perfectionism Type, End the Cycle of Criticism, and Embrace Self-Acceptance（不完全さとの和解——自分の完全主義のタイプを知り，批判のサイクルを断ち切り，自己受容に喜んで応じよう）』（Cohen 2019）の著者であり，期待の管理に役立つちょっとした助言を提供してくれています。

　あなたは，期待どおりの完璧さを求める《期待完全主義者》ですか？　期待完全主義者は，自分の完全主義的期待に沿った行動を他者が取っているかどうかに基づいて，その他者の価値を判断します。自分の期待どおりに行動することを他者に《要求している》のに，相手がそうできなかったとき（結局はそうなります），《その相手》を無価値だとか悪人などと評価し

て処遇し，あとになってその処遇を後悔することになります。《あいつ，合図を出してからこっちの車線に入るべきだろうが――ダメなやつ。どうしようもないクズめ》などとカッとなる運転中の激怒，暴行，家庭内暴力のみならず，殺人さえも，そうした完全主義的期待の結果かもしれません。

　まずは，そうした期待を，「～の方がいいなあ」というくらいの気持ちに変えることです（《私の基準をほかの人たちが満たしてくれたらいいなあとは思うけれど，そうなるとは限らないことはわかっている》）。次に，他者の行動が期待外れだった場合，当の本人を評価するのではなく，あくまでその行動を評価することです（《彼のしたことは悪いことだが，だからと言って彼が悪い人間だということにはならない》）。このようにすれば，間違いだと思ったことに対して，理性的に取り組む機会が得られます。

最高の助言：鏡を覗いて自分自身を見つめる

　「幸せそうな顔をしよう」という歌は，希望のない日々と陰うつな表情について歌ったものです。笑顔を作って苦しみを忘れようという前向きなメッセージを伝えています。表情を笑顔に変えることで，怒りモードを変えることもできます。では，その方法を見ていきましょう。

　英国心理学会臨床心理学部門アソシエイト・フェローのロベルタ・ガルッチョ・リチャードソン博士は，ニューヨーク市の自分の診療所で短期の認知行動療法（CBT）を使い，成人および子どもの治療を行なっています。CBTは，数多くの臨床研究によって明らかにされているとおり，実用的かつ効果的な治療法です。リチャードソン博士は，怒りに伴う思考とそれらの思考が全般的な健康にどう影響を与えるかについて，有用な情報を提供しています。

　発作的な怒りを頻繁に感じる場合には，否定的な思考に伴って心拍が上がり，血圧も高くなっている可能性があります。日常的な怒り思考や腹立ちは血中のグルコース濃度にも影響を与え，頭痛や片頭痛が起こる可能性を高め，消化器系の血流を減らし，長期的健康を危うくすることを知っていましたか？

　危うくするというのは，確実に損なうという意味ではありません。怒りによる健康への個人的な影響も社会的な影響も，すべて免れる可能性もあります。しかし，必要もないのにどうしてリスクを冒すのでしょう？　代わりに，怒りを誘発する否定的な思考を減らし，怒りに関係する健康上のリスクを減らし，生活の質を高めようと決心することもできるはずです。これを達成しようとすると，概して数多くのことをしなくてはなりませんが，それは問題の予防に通じる道であり，たどるべき堅実な道です。

　怒りを予防して減らす方法はたくさんあります。ここでご紹介するのは，早朝に楽しく簡単にできる実験で，怒りによる緊張のリスクを下げ，楽しい感覚を味わう機会を増やすのに役

立ちます。この実験は，鏡を覗くことと微笑むことで構成されています。奇妙に思えるかもしれませんが，心配は要りません。そう思うのは，あなただけではありません。しかし，この実験は，ひとつだけひねりを加えることによって，毎日自然な形ですることができます。

　歯を磨きながら，笑顔を作りましょう。加えるひねりは，肯定的な感情を引き起こす表情になるように意識するということです。これはうまくできます。というのも，ポーズの取り方と創り出す表情は，通常，その表情と同調する気持ちを引き起こすからです。実験の目的は，歯を磨きながら意図的に微笑むことによって，どのくらい頻繁に肯定的な感情を味わうかを調べることです。

　肯定的な気持ちになると，否定的な思考は消えていきます。喧嘩を吹っかけようとして1日を始める可能性は低まります。というわけで，笑顔で1日を始めましょう。微笑み返してくれている人に気づくかもしれません。

最高の助言：右脳回路のスイッチを入れる

灯りを点けるには，スイッチを使います。暗い怒りの裏側から明るい賢明な見方への切り換えにこの考えを適用しましょう。けれども，スイッチの種類は異なります。ここでは，加変抵抗器，すなわち調節器に近いものを使います。運動は，スイッチもしくは調整器として働いてくれます。幸いなことに，不要な怒りを下方制御するためにいつでも使える調整器は，ほかにもいろいろあります。ここではその選択肢を集めてご紹介します。

　心理学者のパメラ・D・ガーシー博士は，『The REBT Super-Activity Guide: 52 Weeks of REBT for Clients, Groups, Students, and YOU!（論理情動療法によるスーパー・アクティビティ・ガイド──クライアント，団体，学生，そして**あなた**に役立つ論理情動療法の52週間）』（Garcy 2009）の著者でもあり，健全な活動を通して怒りの起爆スイッチを切るための助言をしています。眺めのよい公園をジョギングしながら腹を立てようと思っても，なかなかそうはいきません。お気に入りのモーツァルトのコンチェルトを聴きながら腹を立てたりはしそうにありません。

　ここからは，ガーシー博士の助言です。まず，怒っている脳のスイッチを切り，考える脳を作動させます。感情を噴出させるのではなく，その感情の爆発と身体的な反応を鎮める活動をするのです。以下は，怒っている脳の「闘争」反応を弱めるための方法です。

1．身体的な発散を利用して，「健全な闘争」のスイッチを入れる。たとえば，ジョギングをする，散歩をする，水泳をする，地面に氷を投げつける，バスケをするなど。
2．鎮静効果のある健全な自己表現を利用して，「健全な活動停止（フリーズ）」のスイッチを入れる。鎮静効果のあるものとしては，たとえば，軽いストレッチをする，シャワーを浴びる，深呼吸をする，マインドフルネスを実践する，こちらの気持ちを落ち着かせて

くれる人に話しかける，静かな音楽を聴く，カモミール・ティを飲む，ラベンダー
の香をかぐ，読書をするなど。健全な自己表現としては，ブログや詩を書く，絵を
描く，ダンスをする，歌う，音楽を演奏するなど。

つづいて，考える脳を使って，気分を回復させます。

1．以下を自問する。《これは緊急事態だろうか？　あるいは，イライラさせられる状態
　　だろうか？　それとも，突発的なちょっとした事故だろうか？　これは自分で解決
　　できる問題だろうか？　それとも，うまくしのぐしかない問題だろうか？》
2．難題を難題として認めるために，「たとえ〜でも」を活用する。
3．自分が望んでいることと自分が取り組めることを認めるために，「私は〜の方がいい
　　と思うので，それに向かって頑張るつもりだ」を活用する。
4．自分の力(パワー)を認めるために，「私は〜（の）せいで，今怒っている」を活用する。
5．自分の怒っている脳の「〜（する）べき」がいかにばかげているかを納得するために，
　　「いつも」を活用する。

以下は，上記5ステップの活用例です。

1．自分がねらっていた駐車スペースに，別のドライバーがサッと入ってしまった。あ
　　なたは自問する。《これは緊急事態だろうか？──いや違う。これはイライラさせら
　　れる状態だろうか？──イエス。これは突発事故？──イエス》。このようにして，
　　それがイライラさせられる突発事故であることがわかると，先ほどより楽に別の駐
　　車スペースへと落ち着いて移動できるようになる。これは，自分でうまくしのげる
　　問題である。
2．《たとえ》これがイライラさせられる突発事故で《あっても》，私はそれを冷静に受
　　け流そうとすることができる。緊急事態は発生していないし，すべてが丸く収まる
　　だろう。
3．自分が好ましく思ったこと（あの駐車スペースの使用）に，イライラさせられる突発事
　　故が生じたが，これは冷静に受け入れる《方がいいと思うので，そうできるように
　　頑張ろう》。
4．「私が駐車しようとしていた場所をぶしつけにも掠(かす)め取った不愉快な某氏」について，
　　否定的なことを考えている《せいで，私は今怒っている》。とは言え，自分はイライ
　　ラしていても，案外楽に別の駐車スペースを見つけられるんだと，自分を納得させ
　　る方を選択することもできる。
5．《彼はいつも，私がねらっているスペースを取ろうとする。あんなに不愉快なやつ，

この世にふたりといない。地獄に落ちて永遠に腐りつづけるべきだ》。怒っている脳のこうした思考がいかにばかばかしいかがわかれば，怒りを平静な決意に変えるのに役立つ可能性がある。

最高の助言：
3D論理情動イメージ法を練習する

　生きていると，あなたが悩みつづけてきた疑問に答えを出している賢人がいることに気づくことがあります。また，その賢人の助言に耳を傾け，その助言がどう働いたかを助言してくれる人がいることにも気づくでしょう。そうなったら，次は，達人からの助言をどう行動に移すかです。

　ショーン・ブロー博士（ATR Advisors社／コネチカット州ウェストポート〒06880）は，『The Albert Ellis Reader: A Guide to Well-being Using Rational Emotive Behavior Therapy（アルバート・エリス読本——論理情動療法でウェルビーイングを高める）』（Ellis and Blau 1998）の共同編者で，3D論理情動イメージ法の活用について，以下のとおり，重要な助言をしています。

　　これについては，アルバート・エリス本人が1987年に私に教えてくれました。これはまるでおまじないのように効果を上げ，以来，私はこれをずっと活用しています。まず，あなたが腹を立てがちな不当な状況もしくは公正を欠く人物を選んでおきます。そして，論理情動イメージ法（REI）を使い，猛烈に腹を立てている自分を想像したあと，同じ不当な状況に留まったまま，今度はその怒りを，もっとうまく対処しようという気持ちに変えようと頑張ります。REIで自分の怒りを統御できるようになったら，イメージとして想像した不当な人物や状況を見つけ出し，実際にその人，その状況を招き寄せます。以前に練習したREIを，やり取りの前・中・後の3段階に分けて前もって練習しておきましょう。そして，できるだけ頻繁にイン・ヴィヴォで（現実の生活の中で）それを実行するよう頑張ります。ほんの何週かで，思っていたよりはるかにうまく怒りをコントロールできるようになっていることに気づくはずです。

最高の助言：
怒りの軽減に役立つ共感と視点を活かす

　共感は人間の本質に組み込まれています。他者の気持ちを理解するこの感覚には，人々の間にある受容の気持ちを促進するという点で，治療的な価値があります。誰かにひどく腹を立てながら，同時にその相手に共感するのは困難です。どのようにして共感の方向に局面を変えるのかを見ていきましょう。

　ここでご紹介するのは，ホフストラ大学のハワード・カシノヴ名誉教授からの助言で，カシノヴは，タフレイトとの共著として『Anger Management for Everyone（誰にも役立つアンガーマネジメント）』(Tafrate and Kassinove 2019)，『The Practitioner's Guide to Anger Management（プラクティショナーのためのアンガーマネジメント・ガイド）』(Kassinove and Tafrate 2019) を出していて，怒りの軽減に共感と視点を活かすことを助言しています。

　怒りは通常，こちらが迷惑だとか，不適切，役に立たない，間違っているなどと思う他者の行動のせいで生まれます。成績が振るわない我が子が，勉強するように言われたあともコンピュータ・ゲームを繰り返していたら，腹が立つかもしれません。あるいは，宝くじはもう買わないと約束した連れ合いが相変わらず買いつづけているというようなこともあるかもしれません。あなたが感じる怒りや苦々しさ，復讐の念は，《あなた》にとって有害であり，そうした問題の解決策を練ろうとする《あなた》の役には立ちません。

　障害になっているのは，私たちが誰しも自分自身の視点からこの世界を見ているという事実です。我が子のビデオゲームのやりすぎが続くと，《自分》がどれだけ軽視されつづけているかという点に焦点が絞られます。連れ合いが宝くじを買いつづければ，《自分》がどれだけ侮辱されつづけているかという点に注目し，宝くじの購入について，怒り任せに連れ合いを非難しつづけるのです。

　怒りを減らすひとつの方法は，非難を最小限に抑え，より共感的になること——すなわち，相手の視点から相手のその行動を理解することです。いったん共感できるようになると，怒りは自然に小さくなり，問題解決の機会が広がります。

　《視点取得》は，共感を促し，怒りを軽減するためのひとつの方法で，4つのステップがあります。

1. 家の中の静かな場所で，怒りにつながった状況を黙って思い出す。起きたことを誇張したり，最小化したりしてはいけない。顧みるのは，具体的な状況のみに限定する。
2. 周りに人がいないときに，その出来事を声に出して説明する。友人にでも話してい

るかのように，自分の視点からそれを説明する。そのあと，数分おく。

3．今度は立場を入れ代わり，相手になったつもりになって，その相手の視点から同じ状況を説明する。ここでもまた，周りに人がいないとき，今度は自分に話をしている相手になったかのように，状況を声に出して話す。起きたことを説明し，なぜ自分（＝相手）がそういう行動を取ったのかについて，現実的で無理のない，本当にありそうな理由を引き出す。重要なのは，ここではいかにも相手になりきり，「私」を使って話すことである。

4．これを3回繰り返す。

　相手の視点をよく理解すればするほど，怒りは速く軽減し，あなたは前進して，解決策を見つけるか，相手を許すかできるようになります。もはや相手の行動によって憤慨する被害者ではなくなります。

最高の助言：立ち止まってじっくり考える

　有資格の心理学者であるダイアナ・R・リッチマン博士はニューヨーク市で個人診療を続けています。学位を取得したポスト・ドクトラル・フェローであり，アルバート・エリス・インスティテュートの元教職員であるリッチマン博士は，人生のさまざまな段階や職業関連の問題に対する論理情動療法（REBT）や認知行動療法（CBT）の適用について，数多くの論文を発表しています。

　あなたは怒りを克服できると信じていますか？　あるいは，怒りを克服したいと思っていますか？　この質問に対する正直な回答をマインドフルに認めることによって，あなたは意欲を掻き立てられ，認知の壁に挑んで，しばしば無用で自滅的なこの感情を克服しようという気持ちになるはずです。怒りの感情を軽減したいと思うのなら，このあとの一連の助言は，現実的に不当なこの世界で暮らしながら前進していくのにきっと役立つでしょう。

1．《自分の怒りの対象》をはっきりさせる。その怒りの感情は，人に向けられているのか？　あるいは，なんらかの状況に向けられているのか？　自分自身に向けられているのか？　それとも，そのすべてに向けられているのか？
　　• このステップをやり遂げるには，自分の強い感情はその人／その状況《のせいだ》と信じていることを認めなくてはならないかもしれない。

2．怒りという感情を抱くことを本当に克服したいと思っているかどうかをはっきりさせる。自分の怒りは《正当だ》と信じているか？
　　• このステップをやり遂げるには，たとえ怒りを駆り立てた出来事が《不当であり，

したがって自分の怒りは正当だ》と信じている場合であっても，自分には怒りを克服するという《選択肢》があることを認めなくてはならないかもしれない。

3. 自分の怒りの対象について，もちつづけている《具体的な信念》をはっきりさせる。自分の考えがその怒りを引き起こしていると思うか？
   • このステップをやり遂げるには，人生の現実を顧みることなく《もちつづけてきた非現実的な期待の正当性を疑い》，その結果として生じた自分自身や他者やさまざまな状況に対する《非難の正当性を疑う》必要があるかもしれない。

4. 自分の怒りの《強度》を，0（全く怒っていない）から10（激しく怒っている）までのスケールではっきりさせる。
   • このステップをやり遂げるには，1日に決まった回数，自分の感情を《モニターし》，日付と時間，0から10での強度を書き留めておく必要があるかもしれない。

5. 怒りを軽減することの《長所と短所》をはっきりさせる。怒りの感情を減らすことで《恩恵を得られる》か？
   • このステップをやり遂げるには，否定的で苦しいこの感情をもちつづけることの長所と短所をリストアップして2項の一覧を作り，怒りの感情を《手放すことの長期的な恩恵》を考えられるようにする必要があるかもしれない。

6. 長年にわたる自滅的なこの感情から自由になるために，自分自身や他者やさまざまな状況を《許せる》ことをはっきりさせる。
   • このステップをやり遂げるには，許すことによって《自由になり》，自らを高める健全な目標に向かって人生を《進んでいく》ことを認める必要があるかもしれない。

最高の助言：
自分には選択肢があることを認める

　幸いにも，怒りの克服となると，相当数のよい選択肢があります。その第一歩は，それらに気づくことです。最高の助言の締めは，CBTの普及に努めるベック・インスティテュートのノーマン・コットレル博士の有名なAWAREプランです。このAWAREプランは，怒りを軽減するための健全で建設的な選択肢と行動を手に入れるためのものです。

　怒りと取り組むときの最初のステップは，選択肢を認識することです。私たちにはコントロールできないことが山ほどあります。過去，他者，いやでも浮かんでくる考え，体に生じる感覚もそうですし，もちろん感情もそうです。しかし，これらの中にも，私たちが確実にコントロールできることがあります。つまり，私には選択能力があるということです。私た

ちは過去から何を学び，他者にどう対応し，思考や感情や衝動が入り込んできたときどうするかを選択します。重要なのは，自分がコントロールしていないことやコントロールしていることに焦点を絞るかどうかを選択できるということです。

　そうした選択肢を認識する有用なテクニックのひとつは，シンプルな費用対効果分析です。あなたが尊重し称賛しているやり方で怒りに対処している人物を思い浮かべてください。その人を仮にマイクと呼ぶことにしましょう。マイクのやり方を説明するとしたら，どんな表現を使いますか？　制御的でしょうか？　それとも，受容的とか許容的などでしょうか？　どんな表現であれ，それを書き留めておきましょう。そののちに，4つの質問を自分に向けてします。

- 《マイクのようになることの短所はなんだろう？》
- 《腹を立てている状態の長所はなんだろう？》
- 《腹を立てている状態の短所はなんだろう？》
- 《マイクのようになることの長所はなんだろう？》

これらに答えを出してから，さらに自問します。

　　《怒りの効果（長所）は費用（短所）をしのぐだろうか？　ほぼ同じだろうか？　怒りの
　　費用（短所）の方が効果（長所）をしのぐだろうか？》

　たとえば，50－50，55－45，60－40，70－30，80－20，90－10，100－0というように評価しましょう。これが済んだら，マイクのようになることの費用対効果について，同じように分析します。

　怒りの短所は，実のところ攻撃性（あるいは受動攻撃性，さらに言うなら受動性）の短所とも言えることに注目しましょう。私たちには，怒りはコントロールできないかもしれませんが，その怒りをどうするかは完全にコントロールすることができます。私たちは怒って攻撃的になることもできれば，怒って受動攻撃的になることも，怒って受動的になることも，怒ってアサーティヴになることもできます。選ぶことができるのです。怒りは反応を速めるため，一見なんの選択肢もないかのように思われます。それでも，選択しうるものをしっかり選択肢だと考えることによって，私たちは自らを力づける必要があります。

　というわけで，このことをしっかり憶えておき，常にAWAREプランについて意識しているようにしましょう。

　　A：怒りを受け入れる（**A**ccept anger）。これは，怒りをコントロールできなくなるという
　　　意味ではない。それをエネルギーにして，問題を解決しよう——せめて自らの価値

観に役立つような正しい形で正しいことをしよう，ということである。

W：それを離れたところから観察する（**W**atch it from a distance）。それをエネルギーにして，難しい状況との取り組みに役立てよう。その怒りをどうするかは，自分が選択する。

A：それに対して建設的に行動する（**A**ct constructively with it）。自分の品行や価値観に役立つよう，その怒りを活用する。思いやりや忍耐力，理解，共感，善意を高められるよう努力する。

R：上記3つを繰り返す（**R**epeat the above）。怒りを受け入れ，観察し，それに対して建設的に行動しつづける。

E：最善を期待する（**E**xpect the best）。怒りは一時的なものである。

まとめ：人生で重要な意味をもつのは？

　本書は，あなたが出来事にもたせる意味，自分の感情にもたせる意味，自分の信念に組み入れる意味など，意味というものについて実に多くを語ってきました。最後に，あなたが自分の人生にもたせる意味について語って締めくくりとします。

　重要だとみなしていることに携わることは，人生を有意義なものにするのに役立ちます。それは情動面でのウェルビーイングと健康につながる道です（Costin and Vignoles 2020）。では，この重要だとみなしていることというのはなんでしょう？　家族と友人が最も重要だとする人もいれば，可能だと思えば個人的な関心を満たす領域に飛び込む人もいます。自分で自分の身を守れない者を守るために時間をかける人もいれば，小説の執筆，庭造り，古いものの修復など，重要だとみなしていることを多角的にする人，起業する人もいます。

　稀には，自分の仕事に見事なまでに取りつかれたようになる人もいます。アルバート・エリスは何十年もの間，自らの論理情動療法（REBT）の発展に情熱を注ぎ，たゆまぬ努力を続けました。それこそ約60年，週7日，働きに働きました。彼の成し遂げたことは，彼にとって重要だっただけではありません。彼のシステムを活用した何百万という人々や，彼の叡智から出発して，今や認知行動療法（CBT）に合流した人々にとっても重要でした。

　あなたは，人生でほんの束の間にすれ違うだけの人々にとって何が重要なのかを知ることはないかもしれません。私には，地下鉄で出会った赤の他人から学んだことがあります。彼は私にどの車両に乗るべきかを教えてくれました。その車両なら，電車が停まったときに階段のすぐ近くだから，時間を節約できると言うのです。彼にとって重要なのは効率でした。彼はそのことに非常に熱心でした。

　次に，なんらかの出来事を思って寄生性の怒りがこみ上げてきそうになったら，立ち止まりましょう。自分の人生の一部として何を手に入れたら，感謝の念が湧いてきますか？　それは，腹を立てることよりも重要なことではありませんか？

参考文献

Alberti, R., and M. Emmons. (1970). *Your Perfect Right.* 1st ed. San Luis Obispo, CA: Impact Publishers. ［菅沼憲治，ミラー・ハーシャル『自己主張トレーニング―人に操られず人を操らず』東京図書，1994］

Alberti, R., and M. Emmons. (2017). *Your Perfect Right.* 10th ed. Oakland, CA: Impact Publishers. ［菅沼憲治，ジャレット純子『自己主張トレーニング［改訂新版］』東京図書，2009］

Alexandru, B. V., B. Róbert, L. Viorel, and B. Vasile. (2009). "Treating Primary Insomnia: A Comparative Study of Self-Help Methods and Progressive Muscle Relaxation." *Journal of Cognitive and Behavioral Psychotherapies* 9 (1): 67–82.

American Psychological Association. (2017). "Stress in America: The State of Our Nation." *Stress in America Survey.*

Aristotle. (1999). (Translated by W. D. Ross). *Nicomachean Ethics.* Kitchener Canada: Batoche Books.

Ariyabuddhiphongs, V. (2014). "Anger Concepts and Anger Reduction Method in Theravada Buddhism." *Spirituality in Clinical Practice* 1 (1): 56–66.

Aspinwall, L. G. (2011). Future-oriented Thinking, Proactive Coping, and the Management of Potential Threats to Health and Well-being. In S. Folkman (ed.), *Oxford Library of Psychology. The Oxford Handbook of Stress, Health, and Coping* (334–365). New York, NY: Oxford University Press.

Bear, G. G., X. Uribe-Zarain, M. A. Manning, and K. Shiomi. (2009). "Shame, Guilt, Blaming, and Anger: Differences Between Children in Japan and the US." *Motivation and Emotion* 33 (3): 229–238.

Beck, A. (1999). *Prisoners of Hate.* New York: Harper Collins.

Bekoff, M., and J. Pierce. (2009). *The Moral Lives of Animals.* Chicago: University of Chicago Press.

Belenky, G., N. J. Wesensten, D. R. Thorne, M. L. Thomas, H. C. Sing, D. P. Redmond, M. B. Russo, and T. J. Balkin. (2003). "Patterns of Performance Degradation and Restoration During Sleep Restriction and Subsequent Recovery: A Sleep Dose-Response Study." *Journal of Sleep Research* 12 (1): 1–12.

Berkowitz, L. (1990). "On the Formation and Regulation of Anger and Aggression: A Cognitive-Neoassociationistic Analysis." *American Psychologist* 45 (4): 494–503.

Beute, F., and Y. A. W. de Kort. (2018). "The Natural Context of Wellbeing: Ecological Momentary Assessment of the Influence of Nature and Daylight on Affect and Stress for Individuals with Depression Levels Varying from None to Clinical." *Health and Place* 49: 7–18.

Block, J. (2018). *The 15-Minute Relationship Fix: A Clinically Proven Strategy that Will Repair and Strengthen Your Love Life.* Virginia Beach, VA: Koehler Books.

Boesch, C. (2002). "Cooperative Hunting Roles Among Taï Chimpanzees." *Human Nature* 13 (1): 27–46.

Bothelius, K., K. Kyhle, C. A. Espie, and J. E. Broman. (2013). "Manual-Guided Cognitive–Behavioural Therapy for Insomnia Delivered by Ordinary Primary Care Personnel in General Medical Practice: A Randomized Controlled Effectiveness Trial." *Journal of Sleep Research* 22 (6): 688–696.

Bourland, D. D. and P. D. Johnston. (1991). *To Be or Not: An E-Prime Anthology.* San Francisco: International Society for General Semantics.

Brehm, S. S., and J. W. Brehm. (1981). *Psychological Reactance: A Theory of Freedom and Control*. New York: Academic Press.

Brosnan, S. F., and F. B. M. de Waal. (2003). "Monkeys Reject Unequal Pay." *Nature* 425 (6955): 297–299.

Buhle, J. T., J. A. Silvers, T. D. Wager, R. Lopez, C. Onyemekwu, H. Kober, and K. N. Ochsner. (2014). "Cognitive Reappraisal of Emotion: A Meta-Analysis of Human Neuroimaging Studies." *Cerebral Cortex* 24 (11): 2981–2990.

Busch, L. Y., P. Pössel, and J. C. Valentine. (2017). "Meta-Analyses of Cardiovascular Reactivity to Rumination: A Possible Mechanism Linking Depression and Hostility to Cardiovascular Disease." *Psychological Bulletin* 143 (12): 1378–1394.

Buschmann, T., R. A. Horn, V. R. Blankenship, Y. E. Garcia, and K. B. Bohan. (2018). "The Relationship Between Automatic Thoughts and Irrational Beliefs Predicting Anxiety and Depression." *Journal of Rational-Emotive & Cognitive-Behavior Therapy* 36 (2):137–162.

Bushman, B. J. (2002). "Does Venting Anger Feed or Extinguish the Flame? Catharsis, Rumination, Distraction, Anger and Aggressive Responding." *Personality and Social Psychology Bulletin* 28 (6): 724–773.

Carlsmith, K. M., T. D. Wilson, and D. T. Gilbert. (2008). "The Paradoxical Consequences of Revenge." *Journal of Personality and Social Psychology* 95 (6): 1316–1324.

Carter, C. L. (2009). Consumer Protection in the States. National Consumer Law Center. www.nclc.org.

Caselli, G., A. Offredi, F. Martino, D. Varalli, G. M. Ruggiero, S. Sassaroli, M. M. Spada, and A. Wells. (2017). "Metacognitive Beliefs and Rumination as Predictors of Anger: A Prospective Study." *Aggressive Behavior* 43 (5): 421–429.

Casriel, D. (1974). *A Scream Away from Happiness*. New York: Grossett and Dunlap.

Cassiello-Robbins, C., and D. H. Barlow. (2016). "Anger: The Unrecognized Emotion in Emotional Disorders." *Clinical Psychology: Science and Practice* 23 (1): 66–85.

Chester, D. S., and J. M. Dzierzewski. (2019). "Sour Sleep, Sweet Revenge? Aggressive Pleasure as a Potential Mechanism Underlying Poor Sleep Quality's Link to Aggression." *Emotion*. Advance online publication.

Chida, Y., and A. Steptoe. (2009). "Cortisol Awakening Response and Psychosocial Factors: A Systematic Review and Meta-Analysis." *Biological Psychology* 80 (3): 265–278.

Clark, G. and S. J. Egan. (2015). "The Socratic Method in Cognitive Behavioural Therapy: A Narrative Review." *Cognitive Therapy and Research* 39 (6): 863–879.

Coccaro, E. F. (2019). Psychiatric Comorbidity in Intermittent Explosive Disorder. *Journal of Psychiatric Research* 118: 38–43.

Cohen, E. (2019). *Making Peace with Imperfection: Discover Your Perfectionism Type, End the Cycle of Criticism, and Embrace Self-Acceptance*. Oakland, CA: Impact Publishers.

Cooley, C. H. (1902). *Human Nature and the Social Order*. New York: Scribner.

Costin, V., and V. L. Vignoles. (2020). "Meaning Is About Mattering: Evaluating Coherence, Purpose, and Existential Mattering as Precursors of Meaning in Life Judgments." *Journal of Personality and Social Psychology* 118 (4): 864–884.

Damasio, A. (2017). *The Strange Order of Things*. New York: Vintage Books.

［高橋洋『進化の意外な順序—感情，意識，創造性と文化の起源』白揚社，2019］

David, D., C. Cotet, S. Matu, C. Mogoase, and S. Stefan. (2018). "50 Years of Rational-Emotive and Cognitive-Behavioral Therapy: A Systematic Review and Meta-Analysis." *Journal of Clinical Psychology* 74 (3): 304–318.

Davidson K. W., and E. Mostofsky. (2010). "Anger Expression and Risk of Coronary Heart Disease: Evidence from the Nova Scotia Health Survey." *American Heart Journal* 158 (2): 199–206.

Deak, M. C., and R. Stickgold. (2010). "Sleep and Cognition." *WIREs Cognitive Science* 1 (4): 491–500.

De Couck, M., R. Caers, L. Musch, J. Fliegauf, A. Giangreco, and Y. Gidron. (2019). "How Breathing Can Help You Make Better Decisions: Two Studies on the Effects of Breathing Patterns on Heart Rate Variability And Decision-Making In Business Cases." *International Journal of Psychophysiology* 139: 1–9.

Denny, B. T., and K. N. Ochsner. (2014). "Behavioral Effects of Longitudinal Training in Cognitive Reappraisal." *Emotion* 14 (2): 425–433.

Dor, D. (2017). "The Role of the Lie in the Evolution of Human Language." *Language Sciences* 63: 44–59.

Dubois, P. (1909a). *The Psychic Treatment of Nervous Disorders*. New York: Funk & Wagnalls.

Dubois, P. (1909b). *The Psychic Treatment of Nervous Disorders*. 6th ed. New York: Funk & Wagnalls.

Dunlap, K. (1949). *Habits: Their Making and Unmaking*. New York: Liveright Publishing.

D'Zurilla, T. J., and M. R. Goldfried. (1971). "Problem Solving and Behavior Modification." *Journal of Abnormal Psychology* 78 (1): 107–126.

Eadeh, F. R., S. A. Peak, and A. J. Lambert. (2017). "The Bittersweet Taste of Revenge: On the Negative and Positive Consequences of Retaliation." *Journal of Experimental Social Psychology* 68: 27–39.

Ellis, A. (1962). *Reason and Emotion in Psychotherapy*. New York: Lyle Stuart.

Ellis, A. (1977). *How to Live with and without Anger*. New York: Reader's Digest Press.

［國分久子『神経症者とつきあうには—家庭・学校・職場における論理療法』川島書店，1984］

Ellis, A. (1999). *How to Make Yourself Happy and Remarkably Less Disturbable*. Oakland, CA: Impact Publishers.

［斉藤勇『性格は変えられない，それでも人生は変えられる—エリス博士のセルフ・セラピー』ダイヤモンド社，2000］

Ellis, A. and S. Blau. (1998). *Albert Ellis Reader*. Secaucus, New Jersey: Citadel Press.

Eriksson, K., P. A. Andersson, and P. Strimling. (2017). "When Is It Appropriate to Reprimand a Norm Violation? The Roles of Anger, Behavioral Consequences, Violation Severity, and Social Distance." *Judgment and Decision Making* 12 (4): 396–407.

Fahlgren, M. K., A. A. Puhalla, K. M. Sorgi, and M. S. McCloskey. (2019). "Emotion Processing in Intermittent Explosive Disorder." *Psychiatry Research* 273: 544–550.

Felt, J. M., M. A. Russell, J. M. Ruiz, J. A. Johnson, B. N. Uchino, M. Allison, T. W. Smith, D. J. Taylor, C. Ahn, and J. Smyth. (2020). "A Multimethod Approach Examining the Relative Contributions of Optimism and Pessimism to Cardiovascular Disease Risk Markers." *Journal of Behavioral Medicine*. https://doi.org/10.1007/s10865-020-00133-6

Ford, B. Q., P. Lam, O. P. John, and I. B. Mauss. (2018). "The Psychological Health Benefits of Accepting Negative Emotions and Thoughts: Laboratory, Diary, and Longitudinal Evidence." *Journal of Personality and Social Psychology* 115 (6): 1075–1092.

Frankl, V. (1988). *The Will to Meaning*. New York: Meridian.
　［山田邦男監訳『意味への意志』春秋社，2002］

Friedrich, A., and A. A. Schlarb. (2018). "Let's Talk about Sleep: A Systematic Review of Psychological Interventions to Improve Sleep in College Students." *Journal of Sleep Research* 27 (1): 4–22.

Gabay, A. S., J. Radua, M. J. Kempton, and M. A. Mehta. (2014). "The Ultimatum Game and the Brain: A Meta-Analysis of Neuroimaging Studies." *Neuroscience and Biobehavioral Reviews* 47: 549–558.

Gao, L., J. Curtiss, X. Liu, and S. G. Hofmann. (2018). "Differential Treatment Mechanisms in Mindfulness Meditation and Progressive Muscle Relaxation." *Mindfulness* 9 (4): 1316–1317.

Garcy, P. (2009). *The REBT Super-Activity Guide: 52 Weeks of REBT for Clients, Groups, Students, and YOU!* CreateSpace Independent Publishing Platform.

Geraci, A., and L. Surian. (2011). "The Developmental Roots of Fairness: Infants' Reactions to Equal and Unequal Distributions of Resources." *Developmental Science* 14 (5): 1012–1020.

Graver, M. (2007). *Stoicism and Emotion*. Chicago: The University of Chicago Press.

Gray. C. (2002). *A Study of State Judicial Discipline Sanctions*. Chicago: American Judicial Society.

Greenglass, E. (1996). "Anger Suppression, Cynical Distrust, and Hostility: Implications for Coronary Heart Disease." In *Stress and Emotion: Anxiety, Anger, and Curiosity*, Vol. 16, edited by C. D. Spielberger, I. G. Sarason, J. M. T. Brebner, and guest editors E. Greenglass, P. Laungani, and A. M. O'Roark, 205–225. Washington, DC: Taylor and Francis.

Grieger, R. (2020). *The Serious Business of Being Happy*. New York: Routledge.

Haesevoets, T., D. De Cremer, A. Van Hiel, and F. Van Overwalle. (2018). "Understanding the Positive Effect of Financial Compensation on Trust After Norm Violations: Evidence from fMRI in Favor of Forgiveness." *Journal of Applied Psychology* 103 (5):578–590.

Harinck, F., and G. A. Van Kleef. (2012). "Be Hard on the Interests and Soft on the Values: Conflict Issue Moderates the Effects of Anger in Negotiations." *British Journal of Social Psychology* 51 (4): 741–72.

Heiniger, L. E., G. I. Clark, and S. J. Egan. (2017). "Perceptions of Socratic and Non-Socratic Presentation of Information in Cognitive Behaviour Therapy." *Journal of Behavior Therapy and Experimental Psychiatry* 58: 106–113.

Hofmann, S. (2020). *The Anxiety Skills Workbook*. Oakland, CA: New Harbinger Publications.

Hofmann, S. G., and G. J. G. Asmundson, eds. (2017). *The Science of Cognitive Behavioral Therapy*. San Diego, CA: Elsevier Academic Press.

Horney, K. (1950). *Neurosis and Human Growth*. New York: W. W. Norton & Company, Inc.
　［榎本譲，丹治竜郎「神経症と人間の成長」『ホーナイ全集』誠信書房，1998］

Hosseini, S. H., V. Mokhberi, R. A. Mohammadpour, M. Mehrabianfard, and L. N. Lashak. (2011). "Anger Expression and Suppression Among Patients with Essential Hypertension." *International Journal of Psychiatry in Clinical Practice* 15: 214–218.

Jackobson, E. (1938). *Progressive Relaxation*. 2nd ed. Chicago: University of Chicago Press.

Janicki-Deverts, D., S. Cohen, and W. Doyle. (2010). "Cynical Hostility and Stimulated Th1 and Th2 Cytokine Production." *Brain Behavior Immunology* 24 (1): 58–63.

Janov, A. (1975). *The Primal Scream*. New York: Dell Publishing.
　　［中山善之『原初からの叫び─抑圧された心のための原初理論』講談社，1975］

Jones, M. C. (1924). "A Laboratory Study of Fear: The Case of Peter." *The Pedagogical Seminary* 31 (4): 308–315.

Jones, V. C. (1948). *The Hatfields and the McCoys*. Chapel Hill North Carolina: University of North Carolina Press.

Julkunen, J., P. R. Salonen, J. A. Kaplan, M. A. Chesney, and J. T. Salonen. (1994). "Hostility and the Progression of Carotid Atherosclerosis." *Psychosomatic Medicine* 56: 519–525.

Kabat-Zinn, J. (2005). *Coming to Our Senses*. New York: Hyperion.
　　［大野純一『瞑想はあなたが考えているものではない─なぜマインドフルネスがこれほど重要なのか』星雲社，2020］

Kahneman, D. (2011). *Thinking Fast and Slow*. New York: Farrar, Straus and Giroux.
　　［村井章子『ファスト＆スロー─あなたの意思はどのように決まるか？』（上・下）早川書房，2012］

Kassinove, H., and C. Tafrate. (2019). *The Practitioner's Guide to Anger Management*. Oakland, CA: New Harbinger Publications.

Kazantzis, N., H. K. Luong, A. S. Usatoff, T. Impala, R. Y. Yew, and S. G. Hofmann. (2018). "The Processes of Cognitive Behavioral Therapy: A Review of Meta-Analyses." *Cognitive Therapy and Research* 42 (4): 349–357.

Kelly, G. (1969). "The Strategy of Psychological Research." In *Clinical Psychology and Personality: The Collected Papers of George Kelly*, edited by B. Maher. New York: John Wiley and Sons.

Kelly, G. (1955). *The Psychology of Personal Constructs*. New York: W. W. Norton & Company, Inc.

Kessler, R. C., E. F. Coccaro, M. Fava, S. Jaeger, R. Jin, and E. Walters. (2006). "The Prevalence and Correlates of DSM-IV Intermittent Explosive Disorder in the National Comorbidity Survey Replication." *Archives of General Psychiatry* 63 (6): 669–678.

Kim, Y. J. (2018). "Transdiagnostic Mechanism of Social Phobia and Depression: The Role of Anger Dysregulation." *Journal of Human Behavior in the Social Environment* 28 (8): 1048–1059.

King, R. B., and E. D. dela Rosa. (2019). "Are Your Emotions under Your Control or Not? Implicit Theories of Emotion Predict Well-Being via Cognitive Reappraisal." *Personality and Individual Differences* 139: 177–182.

Klarreich, S. (2007). *Pressure Proofing: How to Increase Personal Effectiveness on the Job and Anywhere Else for that Matter*. New York: Routledge.

Kline, C. E. (2019). "Sleep and Exercise." In M. A. Grandner (ed.), *Sleep and Health* (257–267). Burlington, Massachusetts: Elsevier Academic Press.

Knaus, W. (1982). *How to Get Out of a Rut*. Englewood Cliffs, New Jersey: Prentice Hall.

Knaus, W. (2000). *Take Charge Now*. New York: John Wiley and Sons.

Knaus, W., Klarreich, S., Grieger, R., and Knaus, N. (2010). *Fearless Job Hunting*. Oakland: New Harbinger Publications.

Knaus, W. (2012). *The Cognitive Behavioral Workbook for Depression.* 2nd ed. Oakland: New Harbinger Publications.

Korzybski, A. (1933). *Science and Sanity.* New York: The Science Press Printing Company.

Kostewicz, D. E., R. M. Kubina, Jr., and J. O. Cooper. (2000). "Managing Aggressive Thoughts and Feelings with Daily Counts of Non-Aggressive Thoughts and Feelings: A Self-Experiment." *Journal of Behavior Therapy and Experimental Psychiatry* 31 (3–4): 177–187.

Krahé, B., J. Lutz, and I. Sylla. (2018). "Lean Back and Relax: Reclined Seating Position Buffers the Effect of Frustration on Anger and Aggression." *European Journal of Social Psychology.* Abstract.

Krizan, Z., and A. D. Herlache. (2016). "Sleep Disruption and Aggression: Implications for Violence and Its Prevention." *Psychology of Violence* 6: 542–552. http://dx.doi.org/10.1037/vio0000018

Krizan, Z., and G. Hisler. (2019). "Sleepy Anger: Restricted Sleep Amplifies Angry Feelings." *Journal of Experimental Psychology: General* 148 (7): 1239–1250.

Kubzansky L. D., and I. Kawachi. (2000). "Going to the Heart of the Matter: Do Negative Emotions Cause Coronary Heart Disease?" *Journal of Psychosomatic Research* 48 (4–5): 323–337.

Kubzansky, L. D., D. Sparrow, B. Jackson, S. Cohen, S. T. Weiss, and R. J. Wright. (2006). "Angry Breathing: a Prospective Study of Hostility and Lung Function in the Normative Aging Study." *Thorax* 61: 863–68.

Landmann, H., and U. Hess. (2017). "What Elicits Third-Party Anger? The Effects of Moral Violation and Others' Outcome on Anger and Compassion." *Cognition and Emotion* 31 (6): 1097–1111.

Lieberman, M. D., N. I. Eisenberger, M. J. Crockett, S. M. Tom, J. H. Pfeifer, and B. M. Way. (2007). "Putting Feelings into Words: Affect Labeling Disrupts Amygdala Activity in Response to Affective Stimuli." *Psychological Science* 18 (5): 421–428.

Lee, L. O., P. James, E. S. Zevon, E. S. Kim, C. Trudel-Fitzgerald, A. Spiro III, F. Grodstein, and L. D. Kubzansky. (2019). "Optimism Is Associated with Exceptional Longevity in 2 Epidemiologic Cohorts of Men and Women." *PNAS Proceedings of the National Academy of Sciences of the United States of America* 116 (37): 18357–18362.

Lu, X., T. Li, Z. Xia, R. Zhu, L. Wang, Y. J. Luo, and F. Krueger. (2019). "Connectome-Based Model Predicts Individual Differences in Propensity to Trust." *Human Brain Mapping.* Advance online publication.

Lumet, S. *Network.* (1976). Beverly Hills, CA: MGM/United Artists, Film.

Ma-Kellams, C., and J. Lerner. (2016). "Trust Your Gut or Think Carefully? Examining Whether an Intuitive, Versus a Systematic, Mode of Thought Produces Greater Empathic Accuracy." *Journal of Personality and Social Psychology* 111 (5): 674–685.

MacCormack, J. K., and K. A. Lindquist. (2019). "Feeling Hangry? When Hunger Is Conceptualized as Emotion." *Emotion* 19 (2): 301–319.

Mahon, N. E., A. Yarcheski, T. J. Yarcheski, and M. M. Hanks. (2006). "Correlates of Low Frustration Tolerance in Young Adolescents." *Psychological Reports* 99 (1): 230.

Martin, R. C. and E. R. Dahlen. (2004). "Irrational Beliefs and the Experience and Expression of Anger." *Journal of Rational-Emotive and Cognitive-Behavior Therapy* 22(1): 3–20.

McEwen, B., and E. N. Lasley. (2002). *The End of Stress As We Know It*. Washington, DC: The Dana Press. ［桜内篤子『ストレスに負けない脳—心と体を癒すしくみを探る』早川書房，2004］

McEwen, B. S., and N. L. Rasgon. (2018). "The Brain and Body on Stress: Allostatic Load and Mechanisms for Depression and Dementia." In *Depression as a Systemic Illness*, edited by J. J. Strain and M. Blumenfield, 14–36. New York: Oxford University Press.

McGetrick, J., and F. Range. (2018). "Inequity Aversion in Dogs: A Review." *Learning and Behavior* 46: 479–500.

McIntyre, K. M., E. Puterman, J. M. Scodes, T. H. Choo, C. J. Choi, M. Pavlicova, and R. P. Sloan. (2020). "The Effects of Aerobic Training on Subclinical Negative Affect: A Randomized Controlled Trial." *Health Psychology* 39 (4): 255–264.

Melli, G., R. Bailey, C. Carraresi, and A. Poli. (2017). "Metacognitive Beliefs as a Predictor of Health Anxiety in a Self-Reporting Italian Clinical Sample." *Clinical Psychology and Psychotherapy* 25 (2): 263–271.

Muschalla, B., and J. von Kenne. (2020). "What Matters: Money, Values, Perceived Negative Life Events? Explanative Factors in Embitterment." *Psychological Trauma: Theory, Research, Practice, and Policy*. Advance online publication. https://doi.org/10.1037/tra0000547

Okajima, I., and Y. Inoue. (2018). "Efficacy of Cognitive Behavioral Therapy for Comorbid Insomnia: A Meta-Analysis." *Sleep and Biological Rhythms* 16 (1): 21–35.

Okuda, M., J. Picazo, M. Olfson, D. S. Hasin, S. M. Liu, S. Bernardi, and C. Blanco. (2015). "Prevalence and Correlates of Anger in the Community: Results from a National Survey." *CNS Spectrums* 20 (2): 130–139.

Oltean, H. R., P. Hyland, F. Vallières, and D. O. David. (2018). "Rational Beliefs, Happiness and Optimism: An Empirical Assessment of REBT's Model of Psychological Health." *International Journal of Psychology*. Advance online publication.

Payot, J., (1909). *The Education of the Will*. New York: Funk & Wagnalls.

Perciavalle, V., M. Blandini, P. Fecarotta, A. Buscemi, D. Di Corrado, L. Bertolo, F. Fichera, and M. Coco. (2017). "The Role of Deep Breathing on Stress." *Neurological Sciences* 38 (3): 451–458.

Pfattheicher, S., C. Sassenrath, and J. Keller. (2019). "Compassion Magnifies Third-Party Punishment." *Journal of Personality and Social Psychology* 117 (1): 124–141.

Picó-Pérez, M., M. Alemany-Navarro, J. E. Dunsmoor, J. Radua, A. Albajes-Eizagirre, B. Vervliet, N. Cardoner, O. Benet, B. J. Harrison, C. Soriano-Mas, and M. A. Fullana. (2019). "Common and Distinct Neural Correlates of Fear Extinction and Cognitive Reappraisal: A Meta-Analysis of fMRI Studies." *Neuroscience and Biobehavioral Reviews* 104: 102–115.

Popper, K. (1992). *The Logic of Scientific Discovery*. London: Routledge. ［大内義一，森博『科学的発見の論理』（上・下）恒星社厚生閣，1971］

Ralston, W. R. S. (1869). *Krilof and His Fables*. London, England: Strahan and Co. Publishers.

Range, F., L. Horn, Z. Viranyi, and L. Huber. (2009). "The Absence of Reward Induces Inequity Aversion in Dogs." *PNAS Proceedings of the National Academy of Sciences of the United States of America* 106 (1): 340–45.

Redding, R E., J. D. Herbert, E. M. Forman, and B. A. Gaudiano. (2008). "Popular Self-Help Books for Anxiety, Depression and Trauma: How Scientifically Grounded and Useful are They?" *Professional Psychology: Research and Practice* 39 (5): 537–545.

Reynolds, E. (1656). *A Treatise of the Passions and Faculties of the Soul of Man, with the Several Dignities and Corruptions Thereunto Belonging.* London, England: Robert Bostock.

Robertson, D. (2010). *The Philosophy of Cognitive-Behavioural Therapy (CBT): Stoic Philosophy as Rational and Cognitive Psychotherapy.* New York: Routledge.

Rosenberg, B. D., and J. T. Siegel. (2018). "A 50-Year Review of Psychological Reactance Theory: Do Not Read This Article." *Motivation Science* 4 (4): 281–300.

Roy, B., A. V. Diez-Roux, T. Seeman, N. Ranjit, S. Shea, and M. Cushman. (2010). "Association of Optimism and Pessimism with Inflammation and Hemostasis in the Multi-Ethnic Study of Atherosclerosis (MESA)." *Psychosomatic Medicine* 72 (2): 134–140.

Salter, A. (1949). *Conditioned Reflex Therapy.* New York: Creative Age Press.

Shuman, E., E. Halperin, and M. Reifen Tagar. (2018). "Anger as a Catalyst for Change? Incremental Beliefs and Anger's Constructive Effects in Conflict." *Group Processes & Intergroup Relations* 21 (7): 1092–1106.

Sloane, S., R. Baillargeon, and D. Premack. (2012). "Do Infants Have a Sense of Fairness?" *Psychological Science* 23 (2): 196–204.

Smaardijk V. R., A. H. Maas, P. Lodder, W. J. Kop, and P. M. Mommersteeg. (2020). "Sex and Gender-stratified Risks of Psychological Factors for Adverse Clinical Outcomes in Patients with Ischemic Heart Disease: A Systematic Review and Meta-Analysis." *International Journal of Cardiology* 302: 21–29.

Sohl, S. J., and A. Moyer. (2009). "Refining the Conceptualization of a Future-Oriented Self-Regulatory Behavior: Proactive Coping." *Personality and Individual Differences* 47 (2): 139–144.

Speed, B. C., B. L. Goldstein, and M. R. Goldfried. (2018). "Assertiveness Training: A Forgotten Evidence-Based Treatment. Clinical Psychology: *Science and Practice* 25 (1): 1–20.

Spinhoven, P., N. Klein, M. Kennis, A. O. J. Cramer, G. Siegle, P. Cuijpers, J. Ormel, S. D. Hollon, and C. L. Bockting. (2018). "The Effects of Cognitive-Behavior Therapy for Depression on Repetitive Negative Thinking: A Meta-Analysis." *Behaviour Research and Therapy* 106: 71–85.

Stavrova, O., and D. Ehlebracht. (2016). "Cynical Beliefs About Human Nature and Income: Longitudinal and Cross-cultural Analyses." *Journal of Personality and Social Psychology* 110 (1): 116–132.

Stevens, S. E., M. T. Hynan, M. Allen, M. M. Braun, and M. R. McCart. (2007). "Are Complex Psychotherapies More Effective Than Biofeedback, Progressive Muscle Relaxation, or Both? A Meta-Analysis." *Psychological Reports* 100 (1): 303–324.

Stravinsky, I. (1947). *Poetics of Music in the Form of Six Lessons.* Translated by A. Knodel and I. Dahl. Cambridge, MA: Harvard University Press.

Suarez, E. C., J. G. Lewis, and C. Kuhn. (2002). "The Relation of Aggression, Hostility, and Anger to Lipopolysaccharide-Stimulated Tumor Necrosis Factor (TNF)-a by Blood Monocytes from Normal

Men." *Brain, Behavior, and Immunity* 16 (6): 675–684.

Tabibnia, G., and D. Radecki. (2018). "Resilience Training That Can Change the Brain." *Consulting Psychology Journal: Practice and Research* 70 (1): 59–88.

Tafrate, C., and H. Kassinove. (2019). *Anger Management for Everyone*, Oakland, CA: New Harbinger Publications.

Takahashi, A., M. E. Flanigan, B. S. McEwen, and S. J. Russo. (2018). "Aggression, Social Stress, and the Immune System in Humans and Animal Models." *Frontline Behavioral Neuroscience* 12, Article 56. doi: 10.3389/fnbeh.2018.00056. eCollection 2018.

Takebe, M., F. Takahashi, and H. Sato. (2017). The Effects of Anger Rumination and Cognitive Reappraisal on Anger-In and Anger-Control. *Cognitive Therapy and Research* 41 (4): 654–661.

Tang, T. Z., R. J. DeRubeis, R. Beberman, and T. Pham. (2005). "Cognitive Changes, Critical Sessions, and Sudden Gains in Cognitive-Behavioral Therapy for Depression." *Journal of Consulting and Clinical Psychology* 73 (1): 168–172.

Tangney, J. P., D. Hill-Barlow, P. E. Wagner, D. E. Marschall, J. K. Borenstein, J. Sanftner, T. Mohr, and R. Gramzow. (1996). "Assessing Individual Differences in Constructive Versus Destructive Responses to Anger Across the Lifespan." *Journal of Personality and Social Psychology* 70 (4): 780–796.

ten Brinke, L., K. D. Vohs, and D. R. Carney. (2016). "Can Ordinary People Detect Deception After All?" *Trends in Cognitive Sciences* 20 (8): 579–588.

Tracy, F. (1896). *The Psychology of Childhood*. 3rd ed. Boston, MA: D. C. Heath and Co., Publishers.

Troy, A. S., and I. B. Mauss. (2011). "Resilience in the Face of Stress: Emotion Regulation Ability as a Protective Factor." In *Resilience and Mental Health: Challenges Across the Lifespan*. Edited by S. Southwick, B. Litz, D. Charney, and M. Friedman, 30–44. New York: Cambridge University Press.

Troy, A. S., A. J. Shallcross, and I. B. Mauss. (2013). "A Person-by-Situation Approach to Emotion Regulation: Cognitive Reappraisal Can Either Help or Hurt, Depending on the Context." *Psychological Science* 24 (12): 2505–2514.

Twedt, E., R. M. Rainey, and D. R. Proffitt. (2019). "Beyond Nature: The Roles of Visual Appeal and Individual Differences in Perceived Restorative Potential." *Journal of Environmental Psychology* 65, Article 101322.

Vergara, M. D. J. 2020. "The Reduction of Arousal Across Physiological Response Systems: Effects of Single-System Biofeedback, Pattern Biofeedback and Muscle Relaxation." *Dissertation Abstracts International: Section B: The Sciences and Engineering*, 81 (1-B).

Vîslă, A., C. Flückiger, M. grosse Holtforth, and D. David. (2016). "Irrational Beliefs and Psychological Distress: A Meta-Analysis." *Psychotherapy and Psychosomatics* 85 (1): 8–15.

Wang, Y., and A. M. E. Henderson. (2018). "Just Rewards: 17-Month-Old Infants Expect Agents to Take Resources According to the Principles of Distributive Justice." *Journal of Experimental Child Psychology* 172: 25–40.

Wiedemann, M., R. Stott, A. Nickless, E. T. Beierl, J. Wild, E. Warnock-Parkes, N. Grey, D. M. Clark, and A. Ehlers. (2020). "Cognitive Processes Associated with Sudden Gains in Cognitive Therapy for Posttraumatic Stress Disorder in Routine Care." *Journal of Consulting and Clinical Psychology* 88 (5):

455–469.

Williams, J. E., C. C. Paton, I. C. Siegler, M. L. Eigenbrodt, F. J. Nieto, and H. A. Tyroler. (2000). "Anger Proneness Predicts Coronary Heart Disease Risk." *Circulation* 101 (17): 2034–2039.

Williams, T. A. (1914). "A Contrast in Psychoanalysis: Three Cases." *The Journal of Abnormal Psychology* 9 (2–3): 73–86.

Williams, T. (1923). *Dreads and Besetting Fears*. Boston: Little Brown and Company.

Wolpe, J. (1973). *The Practice of Behavior Therapy*. 2nd ed. Elmsford, New York: Pergamon.

Wootton, B. M., S. A. Steinman, A. Czerniawski, K. Norris, C. Baptie, G. Diefenbach, and D. F. Tolin. (2018). "An Evaluation of the Effectiveness of a Transdiagnostic Bibliotherapy Program for Anxiety and Related Disorders: Results from Two Studies Using a Benchmarking Approach." *Cognitive Therapy and Research* 42 (5): 565–580.

Yip, J. A., and M. E. Schweitzer. (2019). "Losing Your Temper and Your Perspective: Anger Reduces Perspective-Taking." *Organizational Behavior and Human Decision Processes* 150: 28–45.

Young, K. S., R. T. LeBeau, A. N. Niles, K. J. Hsu, L. J. Burklund, B. Mesri, D. Saxbe, M. D. Lieberman, and M. G. Craske. (2019). "Neural Connectivity During Affect Labeling Predicts Treatment Response to Psychological Therapies for Social Anxiety Disorder." *Journal of Affective Disorders* 242: 105–110.

Yu, B., M. Funk, J. Hu, and L. Feijs. (2018). "Unwind: A Musical Biofeedback for Relaxation Assistance." *Behaviour & Information Technology* 37 (8): 800–814.

Zaehringer, J., R. Falquez, A. L. Schubert, F. Nees, and S. Barnow. (2018). "Neural Correlates of Reappraisal Considering Working Memory Capacity and Cognitive Flexibility." *Brain Imaging and Behavior*. Advance online publication.

監訳者あとがき

　怒りは全て悪いものであり，怒ってはいけないと思い込んでいる人は意外と多いのではないでしょうか。

　1993年，米国で「Anger Kills」というセンセーショナルなタイトルの本が出版されました。邦訳すれば「怒りは（あなたを）殺す」とでも言うのでしょうか。有名なテレビ番組がこの本について取り上げたことも手伝って，世界的なベストセラーとなりました。著者のウィリアム博士夫妻は，当時の最新データに基づいて，怒りをコントロールせずに放っておくと高血圧などの身体疾患に結びつき致命的な結末を招くと警鐘を鳴らし，怒りをコントロールする17通りの方略を示しました。怒りの問題が深刻であることと怒りが身体的な健康と深く関わっていることを世界に知らしめた功績は大きかったと言えます。しかし，この本で著者らが伝えたかったのは怒りの中の敵意が及ぼす悪影響についてだったのですが，残念なことに「怒り，即ち有害」という思い込みを多くの人々に植え付けてしまったのです。

　怒りは私たち人間に備わったとても大切な感情です。自分の大事な領域などが侵害されたり，自分の価値が脅かされたりした時に出てくる防衛線を示すサインとも言えるもので，自分を健康に保つ重要な働きをしています。つまり，怒りを全部捨ててしまうと自分を守れなくなるのです。さらに，怒りは正義を行ったり，困難を完遂する時のエネルギーとなることもあります。しかし，悩ましいことに，怒りは暴力，誹謗中傷，人間関係のトラブルなど，さまざまな不都合を引き起こす感情であることも事実です。これらのことから，怒りの全てが悪いのではなく，善玉怒りと悪玉怒りがあることを認め，前者は大事にしながらも，後者を見つけて対処していく必要があることが分かります。

　本書が優れている点は，いたずらに怒りを丸ごとゴミ箱に投げ捨てるようには提案せずに，悪玉怒り（寄生性の怒り）を見つけ出して実践的な方法で対処するための手引書であるところです。単なるセルフヘルプではなく，怒りについて現実的にとらえた上で，実生活で実施可能な方法を示しています。言い換えると，怒りを敵に回さず，味方につけるための方法が具体的に書かれているのです。

　もうひとつ，少し専門的な話になりますが，本書の中で認知行動療法を形作った一人としてアルバート・エリスが挙げられている点に注目してみます。

　我が国で「認知行動療法」と呼ばれるのは，アーロン・ベックの「認知療法（Cognitive Therapy）」と行動療法（Behavioral Therapy）が融合したものとする見解が一般的です。実際にベックは認知行動療法の礎を築いた人物だと言えますが，世界的な視野で考えますと，現在の認知行動療法はベックの認知療法と近代の行動療法，そしてアルバート・エリスの論理情動療法（Rational Emotive Behavior Therapy）が融合したものだと考えられているのです。ベック自身もそのことを認めておりますし，ベック自身が認知行動療法（Cognitive Behavior Therapy）と

名乗ったのは2011年からで，その前に認知行動療法（Cognitive Behavioral Therapy）と命名したのは行動療法のドナルド・マイケンバーンだとされています。ベックはあえて，「Behavior Therapy」と表記の仕方を変えています。いずれにせよ，この本がエリスの影響を受けて書かれた本であるということが現在の日本の読者にはとても意味を帯びてくるのではないかと思います。

　本書は専門家の方々には怒りを正しくとらえるための理論を学ぶテキストたり得，そして，実際に怒りの問題に苛まれている方々にとっては，実施可能な怒りへの対処法の宝庫だと思います。

2023年7月30日

堀越　勝

著者＆序執筆者の紹介

ウィリアム・J・クナウス博士（EdD）は有資格の心理学者で，46年以上にわたり，不安や抑うつ状態，先延ばしに苦しむ人々の治療に当たっている。『ザ・トゥデイ・ショー』など，地方版や全国版のテレビ番組に数多く出演し，100以上のラジオ番組にも出演している。『USニューズ＆ワールド・リポート』や『グッド・ハウスキーピング』などの国民的雑誌，『ザ・ワシントン・ポスト』や『シカゴ・トリビューン』などの主要新聞も，彼の考えを掲載している。また，ポスドクを対象とした論理情動療法（REBT）の心理療法訓練を創始した指導者のひとりでもある。『The Cognitive Behavioral Workbook for Anxiety（不安を軽減する認知行動療法ワークブック）』，『The Cognitive Behavioral Workbook for Depression（抑うつ状態を軽減する認知行動療法ワークブック）』，『The Procrastination Workbook（先延ばしを軽減するワークブック）』など，自著，共著は総数25冊以上にも上っている。

序を執筆した**ロバート・アルベルティ博士**（PhD）はその筆力と編集能力を世界的に認められており，それらはしばしば，心理学的セルフヘルプの「絶対的基準」として称賛されている。心理学者，結婚生活や家族の問題に取り組むセラピスト，編集者，発行者としての長年にわたる職務からは既に退いてはいるが，博士の著した*Your Perfect Right*（邦訳：『自己主張トレーニング』東京図書）は，米国で130万部以上を売り上げ，20以上の言語に翻訳されている。

原書の出版社 New Harbinger の商品購入者への特典

New Harbinger 社の書籍等を購入されたお客様には特典があります。その品の書名等を登録するだけで，以下をご利用いただけます。

- 印刷用のワークシートなど，資料のダウンロード
- 教育用ビデオ，オーディオ・ファイル
- 更新，訂正，新商品に関する情報

すべての商品に資料がついているわけではありませんが，新たなデータや素材は常時追加しています。無料の資料にアクセスするには，以下の簡単な3ステップを踏むだけです。

1．NewHarbinger.comで「sign in」をクリックしてログインする（アカウントのないお客様は新規にご登録ください）。
2．「register book」をクリックする。購入された書籍のタイトルを検索して，書名が出てきたら「register」をクリックする。
3．その書籍の表紙画像もしくはタイトルをクリックして，詳細ページに進む。「accessories」をクリックして，資料ファイルにアクセスする。

たったこれだけです。お手伝いが必要な場合は，以下をお訪ねください。
NewHarbinger.com/accessories

監訳者略歴

堀越　勝（ほりこし・まさる）

　国立精神・神経医療研究センター認知行動療法センター特命部長（前センター長）。公認心理師，臨床心理士。

　米国のバイオラ大学で臨床心理学博士を取得，マサチューセッツ州のクリニカル・サイコロジストのライセンスを取得。ハーバード大学医学部精神科においてポストドクターおよび上席研究員。ケンブリッジ病院の行動医学プログラム，マサチューセッツ総合病院・マクレーン病院の強迫性障害研究所，サイバーメディシン研究所などで臨床と研究を行う。2001年に帰国，翌年から筑波大学および，駿河台大学で教鞭をとり，2010年より現研究所勤務。

　著訳書に，『ケアする人の対話スキルABCD』（日本看護協会出版会），『精神療法の基本―支持から認知行動療法まで』，『精神療法の実践―治療がうまくいかない要因と対処法』（医学書院，共著），『30分でできる怒りのセルフコントロール』，『30分でできる不安のセルフコントロール』（金剛出版，共訳）などがある。

訳者略歴

浅田　仁子（あさだ・きみこ）

　お茶の水女子大学文教育学部文学部英文科卒。社団法人日本海運集会所勤務，BABEL UNIVERSITY講師を経て，英日・仏日の翻訳家に。

　訳書に，『ミルトン・エリクソンの催眠テクニックⅠ・Ⅱ』，『人はいかにして蘇るようになったのか』（以上，春秋社），『パクス・ガイアへの道』（日本教文社），『山刀に切り裂かれて』（アスコム），『強迫性障害の認知行動療法』（共監訳），『セルフ・コンパッション［新訳版］』（共訳），『サイコロジカル・ファーストエイド―ジョンズホプキンス・ガイド』（共監訳，以上，金剛出版）などがある。

怒りを適切にコントロールする
認知行動療法ワークブック
少しずつ解決に近づくエクササイズ集

2023年9月1日　印刷
2023年9月10日　発行

著　者──ウィリアム・J・クナウス
監訳者──堀越勝
訳　者──浅田仁子

発行者──立石正信
発行所──株式会社 金剛出版
　　　　〒112-0005 東京都文京区水道1-5-16　電話03（3815）6661（代）　FAX03（3818）6848

装幀●臼井新太郎　　装画●北野有　　本文組版●川本要　　印刷・製本●音羽印刷

ISBN978-4-7724-1979-6 C3011　Printed in Japan ©2023